プリント形式のリアル過去問で本番の臨場感！

長野県 市立

長野中学校

2025年春受験用

解答集

本書は，実物をなるべくそのままに，プリント形式で年度ごとに収録しています。
問題用紙を教科別に分けて使うことができるので，本番さながらの演習ができます。

■ 収録内容

・解答集（この冊子です）

書籍ＩＤ番号，この問題集の使い方，最新年度実物データ，リアル過去問の活用，
解答例と解説，ご使用にあたってのお願い・ご注意，お問い合わせ

・2024（令和６）年度 ～ 2020（令和２）年度　学力検査問題

○は収録あり　年度	'24	'23	'22	'21	'20
■ 問題（適性検査・作文）	○	○	○	○	○
■ 解答用紙	○	○	○	○	○
■ 配点	○	○	○	○	○

全分野に解説がありません

注）問題文等非掲載：2022年度作文の【問】

問題文の非掲載につきまして

著作権上の都合により，本書に収録している過去入試問題の本文の一部を掲載しておりません。ご不便をおかけし，誠に申し訳ございません。

教英出版

■　書籍ＩＤ番号

入試に役立つダウンロード付録や学校情報などを随時更新して掲載しています。
教英出版ウェブサイトの「ご購入者様のページ」画面で，書籍ＩＤ番号を入力してご利用ください。

書籍ＩＤ番号　102216

（有効期限：2025年9月30日まで）

【入試に役立つダウンロード付録】
「要点のまとめ(国語／算数)」
「課題作文演習」ほか

■　この問題集の使い方

年度ごとにプリント形式で収録しています。針を外して教科ごとに分けて使用します。①片側，②中央のどちらかでとじてありますので，下図を参考に，問題用紙と解答用紙に分けて準備をしましょう（解答用紙がない場合もあります）。

針を外すときは，けがをしないように十分注意してください。また，針を外すと紛失しやすくなりますので気をつけましょう。

① 片側でとじてあるもの

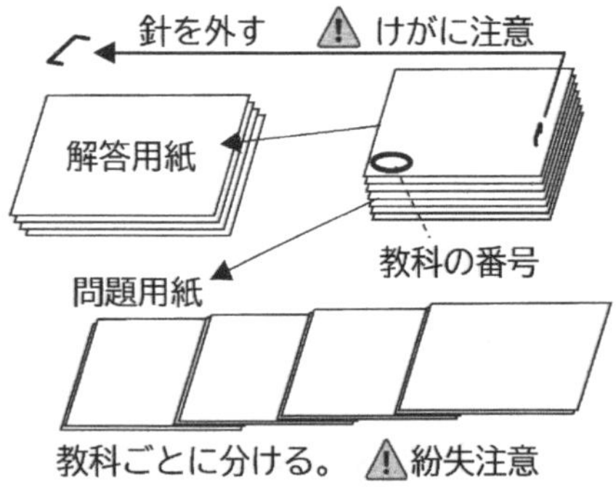

② 中央でとじてあるもの

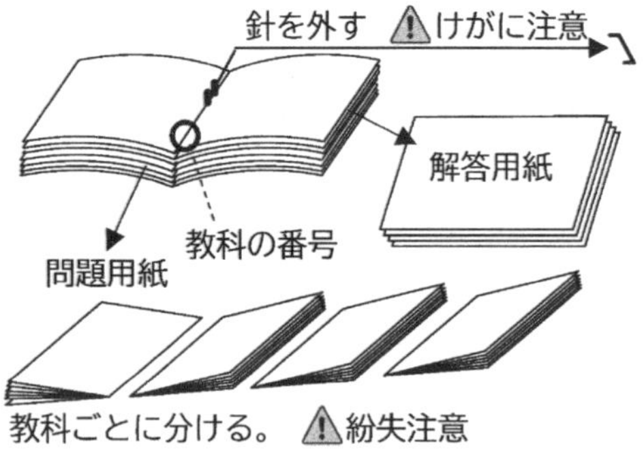

※教科数が上図と異なる場合があります。
　解答用紙がない場合や，問題と一体になっている場合があります。
　教科の番号は，教科ごとに分けるときの参考にしてください。

■　最新年度　実物データ

実物をなるべくそのままに編集していますが，収録の都合上，実際の試験問題とは異なる場合があります。実物のサイズ，様式は右表で確認してください。

問題用紙	Ａ４冊子(二つ折り)
解答用紙	Ａ３片面プリント

リアル過去問の活用

～リアル過去問なら入試本番で力を発揮することができる～

本番を体験しよう！

問題用紙の形式（縦向き / 横向き），問題の配置や余白など，実物に近い紙面構成なので本番の臨場感が味わえます。まずはパラパラとめくって眺めてみてください。「これが志望校の入試問題なんだ！」と思えば入試に向けて気持ちが高まることでしょう。

入試を知ろう！

同じ教科の過去数年分の問題紙面を並べて，見比べてみましょう。

① 問題の量

毎年同じ大問数か，年によって違うのか，また全体の問題量はどのくらいか知っておきましょう。どのくらいのスピードで解けば時間内に終わるのか，大問ひとつにかけられる時間を計算してみましょう。

② 出題分野

よく出題されている分野とそうでない分野を見つけましょう。同じような問題が過去にも出題されていることに気がつくはずです。

③ 出題順序

得意な分野が毎年同じ大問番号で出題されていると分かれば，本番で取りこぼさないように先回りして解答することができるでしょう。

④ 解答方法

記述式か選択式か（マークシートか），見ておきましょう。記述式なら，単位まで書く必要があるかどうか，文字数はどのくらいかなど，細かいところまでチェックしておきましょう。計算過程を書く必要があるかどうかも重要です。

⑤ 問題の難易度

必ず正解したい基本問題，条件や指示の読み間違いといったケアレスミスに気をつけたい問題，後回しにしたほうがいい問題などをチェックしておきましょう。

問題を解こう！

志望校の入試傾向をつかんだら，問題を何度も解いていきましょう。ほかにも問題文の独特な言いまわしや，その学校独自の答え方を発見できることもあるでしょう。オリンピックや環境問題など，話題になった出来事を毎年出題する学校だと分かれば，日頃のニュースの見かたも変わってきます。

こうして志望校の入試傾向を知り対策を立てることこそが，過去問を解く最大の理由なのです。

実力を知ろう！

過去問を解くにあたって，得点はそれほど重要ではありません。大切なのは，志望校の過去問演習を通して，苦手な教科，苦手な分野を知ることです。苦手な教科，分野が分かったら，教科書や参考書に戻って重点的に学習する時間をつくりましょう。今の自分の実力を知れば，入試本番までの勉強の道すじが見えてきます。

試験に慣れよう！

入試では時間配分も重要です。本番で時間が足りなくなってあわてないように，リアル過去問で実戦演習をして，時間配分や出題パターンに慣れておきましょう。教科ごとに気持ちを切り替える練習もしておきましょう。

心を整えよう！

入試は誰でも緊張するものです。入試前日になったら，演習をやり尽くしたリアル過去問の表紙を眺めてみましょう。問題の内容を見る必要はもうありません。どんな形式だったかな？受験番号や氏名はどこに書くのかな？…ほんの少し見ておくだけでも，志望校の入試に向けて心の準備が整うことでしょう。

そして入試本番では，見慣れた問題紙面が緊張した心を落ち着かせてくれるはずです。

※まれに入試形式を変更する学校もありますが，条件はほかの受験生も同じです。心を整えてあせらずに問題に取りかかりましょう。

《解答例》

【問１】⑴①い　②電流が流れているときだけじ石になる　⑵い→う→あ　⑶電じ石をクリップに近づける方法が違うこと。／かん電池の数が違うこと。

【問２】⑴1.6　⑵え　⑶20

⑷エにあてはまる数…17000　求め方の説明…図２の点線の直線を延長して，６月30日の電気料金を読み取る。／図２より，10日で5000円電気料金が上がっているから，30日では15000円上がると分かる。基本料金の2000円とあわせて，17000円となる。などから１つ

⑸電気料金…16500　求め方の説明…図３より，９時から18時の１日に対する電気使用の割合は，５＋５＋20＝30(％)となる。図３では，１か月の電気使用量は 500kWh なので，９時から 18 時の電気使用量は 500×0.30＝150(kWh)　また，この時間帯以外の電気使用量は500－150＝350(kWh)

したがって，Ａ料金では，１kWh あたり 50円かかるから，150×50＝7500(円)

また，Ｂ料金では，１kWh あたり 20円かかるから，350×20＝7000(円)

基本料金を合わせて，図３の使用状況の場合の１ヶ月の料金は，2000＋7500＋7000＝16500(円)

⑹オ．３　カ．12

【問３】⑴あ　⑵理由のもとになる資料の番号…２　年代…15，19　予想…自動車やバイクを保有している人が少なく，また，自宅から徒歩や自転車で通えないきょりの学校に，バスや鉄道を利用して通っている人が多いから。

⑶【続けた方がよい】選択した資料の番号…６　理由…バスは，自動車に比べて二酸化炭素の排出量が少ないため，バスの利用が地球温暖化を防ぐことにつながるから。　【続けない方がよい】選択した資料の番号…５　理由…市が関わるバス等の運行に必要な費用が，年々増加のけいこうにあり，市の財政の負担になるから。

⑷住民の移動手段を最低限確保しつつ，より二酸化炭素の排出を少なくしながら，バスの運行に必要な人件費を減らすため，特に利用者が少ないバス路線において，自動運転の小型のＥＶのバスを導入する。

《解　説》

【問１】

⑴①　ＤはＥとかん電池の向きがちがうだけだから，ＤとＥに流れる電流の大きさは等しい。したがって，Ｄで持ち上げたクリップの重さはＥと同じ９ｇと考えられる。また，かん電池の向きがちがうと，電流の流れる向きは反対になるから，検流計の針のふれた向きは右とわかる。　②　検流計の針がふれたＡとＣ～Ｅでは，電じ石にクリップがくっつき，検流計の針がふれなかったＢでは，クリップがくっつかなかった。よって，電じ石は電流が流れているときはじ石になり，電流が流れていないときはじ石にならないとわかる。

⑵　結果１より，ＡとＣ，ＡとＤをそれぞれ比べると，並列につなぐかん電池が１つ増えるより，直列につなぐかん電池が１つ増えた方が，電じ石の力が大きくなるとわかる。「あ～う」について，ＣまたはＤにかん電池１つを増やすと考えると，「あ」はＤに並列，「い」はＣに直列，「う」はＤに直列と考えられる。「あ」と「う」では，Ｄに直列の「う」の方が電じ石の力が大きいと考えられる(あ<う)。また，「い」と「う」では，ＤよりＣの方が持ち上げたクリップの重さが大きいから，Ｃに直列の「い」の方が電じ石の力が大きいと考えられる(い>う)。よっ

て，電じ石の力が大きい順に，「い→う→あ」と考えられる。

(3)　コイルの近づけ方は３人とも同じなので，使用した回路とクリップをつけた場所のちがいが原因だと考えられる。緑さんと学さんの結果のちがいは，クリップをつけた場所のちがいによるもので，緑さんと豊さんの結果のちがいは，使用した回路のかん電池の数のちがいによるものと考えられる。

【問２】

(1)　図１より，今年の電気料金は16000円，昨年の電気料金は10000円なので，16000÷10000＝1.6(倍)である。

(2)　10000＝2000＋400×□で「＝」の左右の辺を入れかえると，2000＋400×□＝10000　　400×□＝10000－2000　□＝(10000－2000)÷400で求められる。

(3)　(2)の式を計算すると，昨年５月の電気使用量１kWhあたりの料金は，(10000－2000)÷400＝20(円)である。

(4)　図２の点線は，「このまま電気料金が上がっていったらいくらになるのかの目安」なので，点線を延長して，今月の30日の電気料金を読み取る。計算で求める場合は，図２より，10日でちょうど7000－2000＝5000(円)料金が上がっていることに注目すると，30日では$5000\times\frac{30}{10}$＝15000(円)上がると予想されるので，基本料金の2000円とあわせて，17000円と求められる。

(5)　解答例のように，A料金とB料金を別々に計算し，最後に基本料金2000円との合計を求めればよい。

(6)　Yプランを利用して１か月の電気料金を最も安くするには，A料金の９時間の電気使用量ができるだけ少ない方がよい。図３より，最も電気使用量が少なくなるような連続する９時間は，割合の合計が２＋10＋５＝17(%)となる，３時から12時までの９時間である。

【問３】

(1)　バスと鉄道の利用の割合の和は，２＋５＝７(%)だから，830000×0.07＝58100(回)

(2)　資料２で各年代の帯グラフの右側２つ(バスと鉄道)の割合の合計を比べると，明らかに15～19歳の割合が高いことが読み取れる。この年代には高校生や大学生などが多いので，小中学校に比べて通学距離が長く，社会人に比べて運転免許を持っていない人や自動車やバイクを持っていない人の割合が高いことが予想される。

(3)　資料１に基づいて，続けた方がよい理由を書く場合，「バス利用の延べ人数は，１日あたり830000×0.02＝16600(人)になり，これらの人の移動手段を奪うことはできないから。」などがある。資料１に基づいて，続けない方がよい理由を書く場合，「バス利用者の割合は全体の２%なので，続けなくてもその影響を受ける人は少ないから。」などがある。このように資料を肯定的・否定的にそれぞれ見ることも可能である。

(4)　次の世代のことも考えた持続可能な社会を形成するためには，二酸化炭素の排出量を抑えた移動手段であることや，運行費用を抑えつつも，移動手段を失って困る人が出ない(誰ひとり取り残さない)ようにする取り組みが大切である。二酸化炭素の排出量を抑えるためには，利用者が少ない路線でのバスの小型化や二酸化炭素を排出しないEV(電気自動車)の導入，運行費用を抑えるためには，自動運転バスの導入や従来のバスに代わるDMV(デュアル・モード・ビークル)の導入などが考えられる。

《解答例》

問一　(一)①景色　②不便　(二)長野のレストランで出会った地元の方々が、気さくに声をかけてくれたから。／野菜がうまく作れず困っていたら、地元の方がアドバイスをくれたから。　(三)実際に住んで困ったことはありますか。

問二　(一)よさ…果樹園のある景色が美しいこと。　課題…りんご農家の後けい者が不足していること。

(二)(一字あける)私が住んでいる地域は、りんごの果樹園が広がり、遠くには美しい山々が見える。私は、その景色の変化を毎日楽しんでいる。一方で、りんご農家では経営者の高れい化が進み、後けい者が不足しているという話をよく聞く。このままでは、りんごの果樹園が広がる美しい風景は失われてしまう。後けい者が不足しているのは、りんご農家は体力的にきつく、もうけが出ないというイメージがあり、就職先として敬遠されているからである。　(三)(一字あける)私は、住んでいる地域を、りんごの果樹園で多くの若者が働く地域にしていきたいと考える。最近は農作業を楽にしてくれる機械が増え、ジュースの製造やりんごの輸出などで収入を増やしている農家もあるそうだ。果樹園で働く若者を増やすために、私はりんご農家の方に話をうかがったり、実際に農作業を体験したりして、この仕事のみ力や最新の情報を発信したいと考える。こうした発信を行うことでりんご農家に対するイメージが変われば、果樹園で働きたいという人が増え、後けい者も増えると思う。

長野市立長野中学校　2023 令和5年度　適性検査

《解答例》

【問１】⑴イ　⑵ア　⑶イ　⑷変える条件…物体に電球をあてる高さ　そろえる条件…電球をあてる物体の種類や位置　実験方法…マネキンに低い位置から電球の光を当て，できたかげの長さをメジャーを使って測定する。／マネキンの位置は変えずに，脚立に乗り高い位置から電球の光を当て，かげの長さをメジャーを使って測定する。

【問２】⑴X．オ　Y．イ　⑵冬の気温が低く，夏の気温が高く，１年間の気温差が大きい点。／１月の気温が氷点下になっている点。／年平均気温が同じくらいである点。などから２つ　⑶(例文)目的…長野市の特産品や食文化について知ってもらうため。　交流活動…石家荘市の中学生をホームステイで受け入れ，長野市でとれたりんごやぶどうを使って一緒に料理をする。

【問３】⑴①$\frac{1}{100}$　②100　③10　⑵①45　②ＡＥ　③12

⑶木と木のかげの先を結んでできる三角形と，棒と棒のかげの先を結んでできる三角形はそれぞれ右図のようになり，同じ形で大きさが異なる三角形になります。２つの三角形で直角をはさむ辺の比が等しいので，$16 : x = 2 : 1.5$　$x = \frac{16 \times 1.5}{2} = 12$

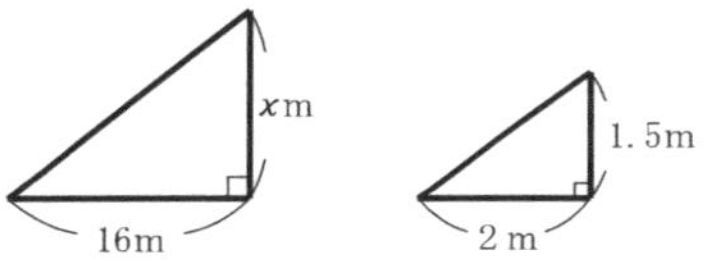

よって，木のおよその高さは12mです。

〔別解〕棒の長さと棒のかげの長さの比は $1.5 : 2 = 3 : 4$ で，比の値は$\frac{3}{4}$です。木の高さと木のかげの長さの比の値も$\frac{3}{4}$になるので，$x = 16 \times \frac{3}{4} = 12$　よって，木のおよその高さは12mです。

⑷はかりたいものを，はかれるものに置きかえてはかっている。／はかれない長さを，はかれる長さを利用して求めている。などから１つ

【問４】⑴[間違い→正しい]　[待→持]，[成→生]　⑵①年間で500万トンから1300万トンもの量が世界中の海に流れ出ます。　②(例文１)環境を守るためにも，ぜひペットボトル回収にご協力ください。　(例文２)ペットボトルを回収し，みんなで温室効果ガスを減らしましょう。　⑶(例文)提示する資料…学さん／ペットボトルの投げ方をイラストで説明し，その下に点数のルールをか条書きにした資料。　理由…言葉で聞いただけでは，どんなゲームで，どのように点数が入るのか理解しにくいから。

《解　説》

【問１】

⑴　イ〇…棒温度計の目もりを読むときは，目線が温度計と直角になるようにして，液の先の目もりを読む。

⑵　太陽の高さが最も高くなるのは12時ごろで，地面の温度が最も高くなるのは午後１時ごろである。よって，ずっと日なたのＡで10時から12時にかけて地面の温度が上がっているアかエのうち，日なたから日かげに変わったＣの12時の地面の温度がＡよりも高いエは誤りである。よって，アが正答である。

⑶　イ〇…12時に太陽は南の空にあるので，校舎のかげは北向きにできる。

⑷　午前(10時から12時)と夕方のかげのでき方を比べるので，電球の高さ以外の条件(マネキンの種類や位置など)を同じにする。電球の高さを変えるために脚立《きゃたつ》を使い，かげの長さを測るためにメジャーを使う。

【問２】

⑴　X．資料１より，2020 年に長野市に住む外国人の数は 4,055 人だから，370000÷4055＝91.2…で，長野市に住む住人の 90 人に１人が外国人であることがわかる。　Y．資料２より，長野市に住む中国人は 1,519 人なので，1519÷4055＝0.37…より，長野市に住む外国人のうち約４割が中国人であるとわかる。

⑵　気温について考える場合，夏と冬の気温差，平均気温，最暖月・最寒月などに注目する。長野市は，内陸性気候，石家荘市は冷帯夏雨気候に分類される。

⑶　目的と交流活動は「友好」と「異文化理解」のどちらかの視点が読み取れれば正答とする。交流活動は，交流の視点がないと２点減点。誤字脱字は１つ以上（複数あっても）で１点減点。

【問３】

⑴　写真の緑さんは，実際の身長の$\frac{1.5}{150}=\frac{1}{\text{①}\underline{100}}$となるので，写真の回向柱も実際の大きさの$\frac{1}{100}$となっている。したがって，写真の回向柱の大きさを②<u>100</u>倍すれば実際の高さが求められるので，回向柱のおよその高さは，10×100＝1000(㎝)，つまり，③<u>10</u>ｍとなる。

⑵　三角形ＣＥＡで，角ＡＣＥ＝45°，角ＣＥＡ＝90°なので，角Ａの大きさは，
180°－(45°＋90°)＝①<u>45°</u>である。
三角形ＣＥＡは右図のような直角二等辺三角形なので，ＣＥ＝②<u>ＡＥ</u>となる。
よって，木の高さは，ＡＥ＋ＥＢ＝ＣＥ＋ＥＢ＝10.6＋1.4＝③<u>12</u>(ｍ)となる。

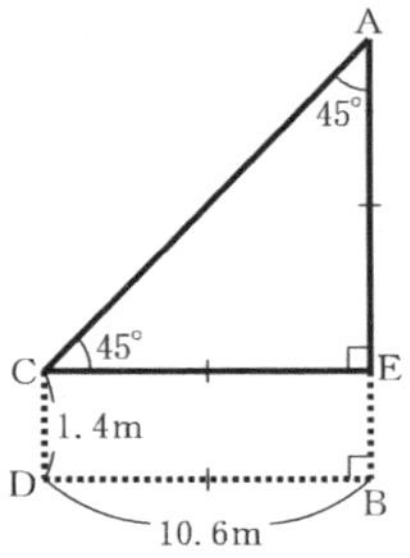

⑶　解答例の１つ目のものは,「図」と「等しい比」を使い，２つ目のものは「比の値」を使っている。問題の３つの条件「図や等しい比，比の値のいずれかを使う」,「図や式，言葉で求め方を書く」,「求めた木の高さを書く」を必ず守ること。

⑷　３人とも，自分の身長や目線の高さ，棒の高さなどのはかれるものの長さを利用して，直接はかれないものの長さを求めている。

【問４】

⑴　ペットボトルフリップのやり方の②「手でキャップ部分を<u>待</u>ち」の下線部が誤り。正しくは「<u>持</u>ち」。
「リサイクルするよさ」の②「発<u>成</u>する温室効果ガス」の下線部が誤り。正しくは「発<u>生</u>」。

⑵①　学《まなぶ》さんは「どれくらいの量が流れ出ているのか，数字を入れて説明した方がよいと思います」という意見を言っているので,【緑《みどり》さんがインターネットを使って調べた資料のメモ】の「世界の海へ流れ出す量＝500 万トン～1300 万トン(年間)」を用いる。発表原稿《げんこう》にふさわしい表現になるように,「実際に話す言葉で」書こう。

②　豊《ゆたか》さんは「ペットボトル回収《かいしゅう》の呼《よ》びかけを入れたらどうでしょうか」という意見を言っている。［イ］の前では，温室効果ガスを減らす効果を説明しているので，ペットボトルの回収が温室効果ガスを減らすことにつながる(環境《かんきょう》を守ることにつながる)ということを入れて呼びかけるとよい。

⑶　発表を聞く立場になって，どのような資料があるとより理解しやすくなるかを考えてみよう。

《解答例》

【問一】㈠

楽	仲	動
本	私《わたし》	絵
泳	聞	高

㈡(例文)

漢字…聞　説明…私は人の話を聞くことが好きなので、この漢字を選びました。友達や家族の話をじっくり聞くことで、相手の気持ちを知り、相手をよく理解することができます。友達も、聞いてもらっているうちに、自分の考えていることがわかってすっきりした、と言ってくれることがあります。

漢字…泳　説明…私は水泳が得意なので、この漢字を選びました。５才から水泳を始めて、昨年の市の小学生水泳大会では、リレーのアンカーをつとめました。水の中だと体が軽くなり、他の運動とはちがう気持ちの良さを味わえると思います。夏にみんなと水泳をするのが楽しみです。

【問二】㈠(例文)私は姉から、スマートフォンで英語の文章をすぐに日本語にほん訳できると聞き、便利さに感動しました。そのことから、スマホがあれば、英語以外の言葉を話す外国人とも、自由に会話ができる未来を想像しています。

㈡(例文)十年後は、どの国の人とでも、スマホがあればコミュニケーションできるようになっていると思うので、いろいろな国に行って、その国の文化や習慣を日本にしょうかいする仕事をしたいです。私の聞く力を生かしてその国のことをよく理解し、交流の楽しさを伝えていきたいと思います。日本とは異なる文化にふれることで、日本のみ力を再発見し、さらに私たちは今後どうしていくべきかを学ぶことができると思います。

《解答例》

【問1】(1)A．9　B．81　C．41　D．40　(2)3つの辺の長さがすべて同じ／3つの角の大きさがすべて同じ　のうち1つ　(3)右図

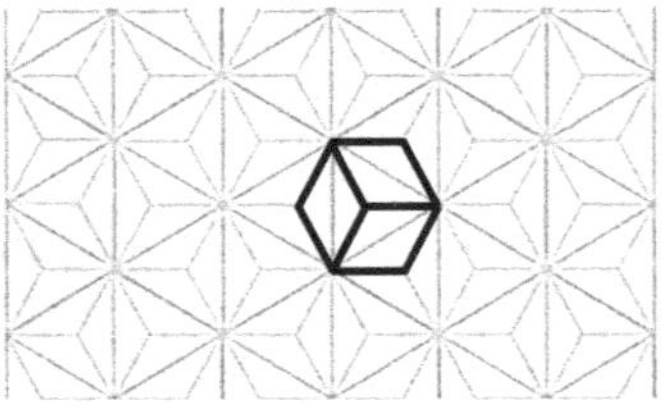

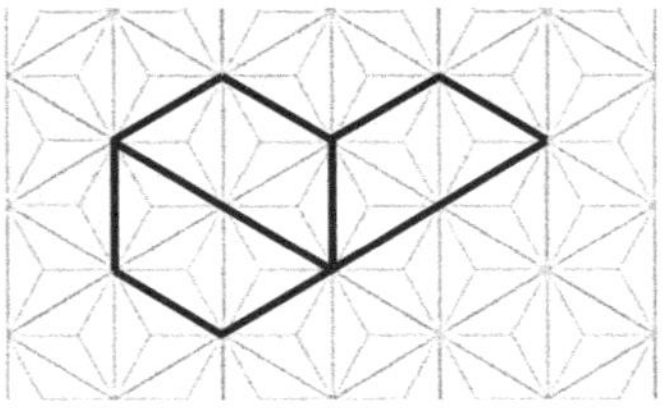

(4)正三角形と正方形，正六角形がしきつめられる理由…

1つの角の大きさは，それぞれ正三角形が60°，正方形が90°，正六角形が120°で，どれも360°を割り切れるから，1つの点に角を集めたときに，すきまなくしきつめることができる。

正五角形がしきつめられない理由…

正五角形の1つの角の大きさは108°で，これは360°を割り切ることができないから，1つの点に角を集めたときにすきまができて，しきつめられない。

【問2】(1)ぬれたぞうきんを用意しておく。／防護めがねを着用する。などから1つ　(2)ウ　(3)集気びんに酸素を50%，二酸化炭素を30%，ちっ素を20%入れて，火のついたろうそくを入れてみる。燃え続ければ二酸化炭素が増えたことが消えた原因でないことがわかる。／集気びんに酸素を20%，二酸化炭素を10%，ちっ素を70%入れて，火のついたろうそくを入れてみる。燃え続ければ二酸化炭素が増えたことが消えた原因でないことがわかる。などから1つ　(4)キャンプファイヤーの組み木／かまど　などから1つ　(5)イ．下(や上)の穴から新しい空気が入り，上の穴から古い空気が出ていくから　ウ．上の穴から新しい空気が入り，古い空気も上の穴から出ていくから

【問3】(1)ア，イ，エ　(2)着物は，種類が多く，機会に合わせて選んで着ることができる。

(3)入学／卒業／入園／卒園　などから1つ　(4)(例文)私は短歌を紹介したい。お正月に百人一首のカルタ取りをした時に，日本文化のよさを感じた。歌の意味が分からなくても，リズムの良さや言葉の美しさにひかれて，楽しく覚えることができた。短歌は，わずか三十一音で，自分の気持ちや季節の景色などを美しく豊かにうたい上げる。そのすばらしさを外国の方に伝えたいと思う。

【問4】(1)減った人数…93000　人口の割合…76　(2)ア買い物に来る客が減り，店の売上げが減る。〔別解〕市の税金が減り，市で必要な物が準備できなくなる。　イ学校に通う人が少なくなり，大勢で行うスポーツや行事ができなくなる。〔別解〕祭りに参加する人が減り，祭りを続けられなくなる。　ウ工場の従業員が減り，生産が計画通りにいかなくなる。〔別解〕会社や店で働く人が減り，労働時間が増えてしまう。

(3)[番号／期待される効果]　A．[①／新しく会社や店を始める人が増えるので，長野市の人が仕事のために他の地域に移住しなくてもよくなる。]　[②／長野市で働きたい人が，仕事の情報を得ることで仕事を見つけやすくなり，長野市に移住する人が増える。]　[③／農業の技術を学ぶことで，長野市で農業を始めることができるので，移住してくる人が増える。]　B．[①／夫婦や子どもを産む人にとって，役立つ情報を得ることで，長野市で安心して子育てができるようになり，人口の確保につながる。]　[②／医りょう費が少なくてすむので，長野市で住み続けようとする人や引っこしてくる人が増える。]　[③／子どもを預かる場所があると，安心して長野市で仕事や子育てができるので人口が減らない。]

《解　説》

【問１】

⑴　表から規則性を見つける。たてに並んでいる正方形の数は，１，２，３，…と増えているので，A＝９

いちばん小さい正方形の数は，１＝１×１，４＝２×２，９＝３×３，…と増えているので，B＝９×９＝81

□と■の正方形の数は，いちばん小さい正方形の数が偶数《ぐうすう》のとき，その数の半分で同じ数となり，いちばん小さい正方形の数が奇数のとき，□の数の方が■の数より１大きくなる。81＝41＋40 だから，C＝41，D＝40

⑵　三角形ＤＡＢと三角形ＤＢＣと三角形ＤＣＡは合同だから，ＡＢ＝ＢＣ＝ＣＡ

また，角ＤＡＢ＝角ＤＢＡ＝角ＤＢＣ＝角ＤＣＢ＝角ＤＣＡ＝角ＤＡＣだから，角ＡＢＣ＝角ＢＣＡ＝角ＣＡＢ

⑶　解答例は，ひし形と台形(等脚《とうきゃく》台形)である。解答例以外にも，しきつめられる図形はいくつかある。

⑷　しきつめられた模様について，ある１つの点に集まった角の大きさの和は，360° となる。よって，正多角形をしきつめる場合，１つの角の大きさは 360 の約数でなければしきつめることができない。

【問２】

⑴　解答例の他に，「近くに燃えやすいものを置かない。」などでもよい。

⑵　実験の結果や緑さんの発言から，燃えたことによって酸素が使われて減り，二酸化炭素が増えたことがわかる。ただし，火が消えた後も，酸素は０％にならず，二酸化炭素よりも割合が大きいから，イのようにはならない。

⑶　「二酸化炭素が増えたことによって，ろうそくの火が消えたのではない」ことを確かめるには，二酸化炭素の割合を，実験で火が消えた後の４％より多くして，ろうそくの火がすぐに消えるかどうかを調べればよい。このとき，酸素の割合は実験で火が消えた後の17％よりも大きくしておく。また，ちっ素を混ぜ合わせることも忘れずに，合計が99％以上になるようにすればよい。

⑷　キャンプファイヤーの組み木は，木と木の間にすき間があることで空気が入れかわる。かまどは空気の出入り口があるため空気が入れかわる。ものが燃え続けるには，燃えた後の空気が出ていき，新しい空気(酸素)が入ってくる必要がある。

⑸　燃えた後のあたたかい空気は上に行くため，アでは燃えた後の空気が風よけの外に出ていかず，新しい空気が入ってこない。

【問３】

⑴　ア．ボードの「結婚《けっこん》式」「成人式」のこう目に，女性が振《ふり》そでを着ることが書かれている。結婚式や成人式は「正式な場面」にあたるので，適する。　イ．「インターネット記事の一部」に「着物は晴着《はれぎ》と呼ばれ～使われています」とあるので，適する。　ウ．「インターネット記事の一部」に「浴衣《ゆかた》は，正式な場面には着ていけませんが」とある。結婚式は「正式な場面」であり，浴衣を着て参加することはできない。　エ．「インターネット記事の一部」に「江戸時代に～浴衣は夏の普段着《ふだんぎ》として定着しました」とあるので，適する。　オ．「黒以外の色で染《そ》められている着物」は，「訪問着《ほうもんぎ》」ではなく「色無地《いろむじ》」である。

⑵　学さんと豊さんは，「着物には，どのような種類があるのかを調べて紹介《しょうかい》しましょう」「どのような機会に着物を着ていくのかを知ってもらいたい」と言っている。ボードからは，着物は種類が多いこと，機会に合わせて着物を選べることが読み取れる。

⑶　ボードの「 C 式」のこう目に，「子どもの成長の節目を祝う場や行事」とあることから考える。「インターネット記事の一部」に，「子どもの成長の節目をお祝いする場」に続けて，「成人式，七五三」と書かれているのも参考にする。

【問４】

⑴　2000 年から 2045 年にかけての人口減少は，388000－295000＝93000（人）。2045 年の人口割合は，2000 年の295000÷388000×100＝76.0…（％）。

⑵　（例）にならって，影響→課題の順に書こう。それぞれの項目と□の中の言葉を関連付けて考えよう。

ア人口が減ると，買い物する客も減るので，店の売上げも減って経済活動が縮小してしまう。また，市の税金を納める人も減るので，税収入も減って公共サービスを維持できなくなってしまう。　イ子どもの数が減ると，学校に通う子どもの数も減るので，クラブ活動や地域活動の維持ができなくなってしまう。　ウ働く人が減ると，工場や店の従業員も減るので，１人あたりの労働量や労働時間が増えて負担が大きくなってしまう。

⑶　【資料２】に注目すると，長野市では働く世代と子どもの人口が減っていくことが分かる。

A　①新しい会社や店が増えると，働ける場所や働ける人の数も増えるので，長野市に住み続けることができる。

②仕事に関する情報を発信すると，働ける場所を見つけやすくなるので，働くために長野市に移住する人が増える。

③農業の技術を習得できる研修センターがあると，農業を始めるために長野市に移住してくる人が増える。

B　①出産や子育てに関する情報を公開すると，子どもを産み育てるために長野市に住む人が増える。

②医りょう費が安くすむと，病気にかかりやすい子どもをもつ家庭の医りょう費負担が少なく済むので，長野市に住む人が増える。

③子どもを預ける場所が充実すると，子どもを育てながら働きやすくなるので，長野市に住む人が増える。

《解答例》

(1) （例文）

提案書

1. 活動名

公園クリーン大作戦

2. 活動を考えた理由やきっかけ

食べ物をテイクアウトした際の容器のポイ捨てが増えたから。

3. SDGsの番号

11

4. 活動の目的やねらい

公園をそうじすることで，だれもが安全・安心に過ごせる場所をい持する。

5. 活動方法

. 縦割り班ごとに場所を決め，ポイ捨てされたごみを拾う。

. ゴールデンウイークの後，夏休みの後，年末に行う。

. 季節の変化に応じて，草取りや落ち葉かきなども取り入れる。

(2) （例文）

私は「公園クリーン大作戦」を提案します。食べ物をテイクアウトする人が増え，その容器のポイ捨ても増えました。それらが公園内に散乱していると，利用者のけがにつながります。また，衛生上の問題もあります。そこで，学校近くの公園を，縦割り班で分担してそうじする案を考えました。

ＳＤＧｓの目標の１つに「住み続けられるまちづくりを」があります。お年寄りや小さな子ども，障害をもった方などをふくめ，だれもが安心して安全に使いやすい公園に整えることは，この目標につながることだと考えました。

活動の時期は，利用者が増えるゴールデンウイークと夏休みの後，新年をむかえる前が良いと思います。必要に応じて草取りや落ち葉かきなども行うと，公園のかんきょう整備に役立つと思います。

公園は，人との交流や自然とのふれあいができる，みなにとって大切な場所です。そのような場所を，未来の社会にも残していきましょう。

《解答例》

【問1】⑴ア，エ，オ　⑵イ，ウ　⑶イ→エ→ウ→ア

⑷(例)俳句…あたたかい空気をはこぶさくらみち　説明…私は、満開の桜並木を見ると、長く厳しい冬が終わり、春になった喜びを感じます。その喜びを直接表す言葉を省くことで、ほんわかとした空気感を生み出しました。また、平仮名を多く使うことで、春のやさしい光の中をゆっくり歩きたくなる気持ちを表しました。

【問2】⑴7　⑵35 でわる〔別解〕1組の人数でわる／全員の人数でわる　⑶9.5 秒以上 10.5 秒未満の記録を出した人は 11 人で，全体の人数の約 31%です　⑷選んだ紙飛行機の型…B型　理由…8m以上 11m未満の記録を見ると，A型は6人，B型は7人，C型は3人です。B型は遠くまで飛ばした人数が多いから，B型にしました。〔別解〕選んだ紙飛行機の型…A型　理由…7m以上 11m未満の記録を見ると，A型は 14 人，B型は 13 人，C型は7人です。A型は遠くまで飛ばした人数が多いから，A型にしました。

【問3】⑴イ，エ　⑵象山は西洋の学問を取り入れていたこと。〔別解〕象山は西洋のことにくわしいこと。

⑶佐久間象山は，大砲やガラスを作ったり，海軍や学校の設置を呼びかけたりしていて，時代の先を見て，西洋の学問や考え方を日本に広めようとしていたから。

⑷長野のほこり世界を見ていた佐久間象山〔別解〕世界を相手に日本を強く佐久間象山

【問4】⑴実験1…ア　実験2…エ　⑵エ　⑶空気が温められて体積が大きくなった　⑷机の上に石けん水をぬり，その上におわんを置く。そのおわんに湯を入れると，おわんの高台の下からあわが出るだろう。／丸底フラスコの口に石けん水でまくをつくり，水そうに入れた湯でフラスコをあたためると，まくがふくらむだろう。などから1つ　⑸イ，エ

《解　説》

【問1】

⑴　(A)と(B)では「花しょうぶ」という言葉の順序が変わっているので，アを用いたと言える。また，(B)では「きれいだな」という気持ちを直接表す言葉を使うのをやめているので，エを用いたと言える。さらに，「大きなむらさき色の花」を「むらさき帽《ぼう》」(帽子《ぼうし》)にたとえ，「お出むかえ」と擬人法《ぎじんほう》(人間でないものを人間に見立てて表現する方法)を使っているので，オを用いたと言える。

⑵　アの「元気なくさいている花のようす」や，エの「花をみながら祖父の出むかえを待とうとする気持ち」は，俳句《はいく》とその説明からは読み取れない。「祖父の家に続く畑の道を歩いていると，大きなむらさき色の花が，たくさん並んでさいていました」というようすを「きれいだな」と思い，花しょうぶに出むかえられているような気持ちになったことを表現しているので，イとウが適する。

⑶　イは「梅」が春の季語。なお，「梅の実」は夏の季語なので覚えておこう。エは「夕涼《すず》み」と「線香花火」が夏の季語。ウは「すすき」が秋の季語。アは「木枯《こが》らし」が冬の季語。

⑷　満開の桜並木，親子らしき雪だるまを見た時に，自分が思い出すことや感じることを，17 音で伝わるようにくふうして表現しよう。季語を入れる，5・7・5にする，という俳句の基本をおさえたうえで，【あおいさんからのアドバイス】を取り入れること。俳句の説明をする際は，「あなたの体験」と，【あおいさんからのアドバイス】をふまえて「どのように表現のくふうをしたか」が，読み手に明確に伝わるように，わかりやすく書こう。

【問２】

(1)　10.3秒は10秒との差が10.3－10＝0.3(秒)なので，10－0.3＝9.7(秒)も差が同じである。

(2)　平均は，すべての値《あたい》の合計を，値の個数でわることで求められる。

(3)　ヒストグラムより，9.5秒以上10.5秒未満の記録を出した人は11人とわかる。
$\frac{11}{35}\times 100=31.4\cdots$より，これは全体の約31％である。

(4)　「一番遠くまで飛ぶ紙飛行機を決める」ことを考えているので，記録の高い部分に注目して理由を考える。
また，解答例以外にも，割合の考えから，Ｂ型を選ぶ理由を以下のように説明してもよい。
８ｍ以上11ｍ未満の記録の割合について，Ａ型は，$\frac{6}{35}\times 100=17.1\cdots$より，全体の約17％である。同様にして，Ｂ型は20％，Ｃ型は約９％とわかる。この割合が高いほど遠くに飛ぶ可能性が高いので，Ｂ型を選ぶとよい。
同様にして，Ａ型を選ぶ理由を，７ｍ以上11ｍ未満の記録の割合を求めて説明してもよい。

【問３】

(1)　イとエが正しい。　イ．象山は1842年に学校の整備を提案し，1872年に全国に学校制度がしかれた。
エ．1854年にアメリカとの貿易が始まり，1868年に日本で海軍や陸軍をつくる準備が始まった。　ア．象山は，1842年，1851年，1864年に江戸から出ていたことがわかる。　ウ．1844年に西洋の知識からガラスを作ったとある。

(2)　①より，西洋の学問をいかして新しい産業を興そうとしたこと，②より，仕えていたお殿様に，西洋の文化や考え方を取り入れるよう提案したこと，③より，大勢の人が西洋の情報を聞くために象山の元を訪れたことを読み取る。

(3)　年表の当時の主な出来事(右側)を見れば，明治時代になると，日本で海軍や陸軍をつくる準備が始まったこと，全国に学校制度がしかれたことがわかる。そのことをふまえて年表の佐久間象山に関すること(左側)を見れば，佐久間象山がそれよりも前に，大砲や軍かん製造，海軍の設置，学校の整備などを提案していたことがわかる。また，明治政府が，近代産業の育成を目ざして西洋の知識や技術を取り入れた政策(殖産興業)を行ったことから，佐久間象山による西洋式の大砲やガラスの製造が時代の先を行くものであったと導ける。

(4)　佐久間象山が西洋の学問や考え方を取り入れていたこと，世界を相手に日本を強くしようとしていたことが伝わる見出しをつけよう。

【問４】

(1)　それぞれの実験の予想の内容に着目する。予想の内容から，花さんと学さんがそれぞれの実験で確かめたかったことがわかる。

(2)　エ○…実験３では熱いみそ汁と冷めたみそ汁が入ったおわんを置き，熱いみそ汁が入ったおわんだけが動いたので，おわんに入ったみそ汁が熱いとおわんが動くことがわかる。

(3)　空気は温められると体積が大きくなる。実験３では，閉じこめられた空気が温められて大きくなったことでおわんが動いた。

(4)　閉じこめられた空気が温められて体積が大きくなることを調べる実験を考えてみよう。閉じこめられた空気を作るために，おわんを使ってもよいし，丸底フラスコを使ってもよい。また，空気がふくらんだことを確かめるために，石けん水を使う。タイヤのパンクした部分を確かめるために，タイヤに石けん水をぬる方法がある。

(5)　イ，エ○…空気が温められて体積が大きくなる現象を選ぶ。イではピンポン玉の中の空気が，エでは熱気球の中の空気が温められて大きくなる。なお，アはボールに空気を入れることで空気が押しちぢめられる現象，ウは水が氷になることで体積が大きくなる現象，オは押しちぢめられた空気がもとに戻ろうとする力で水が出る現象である。

《解答例》

(1)　(例)

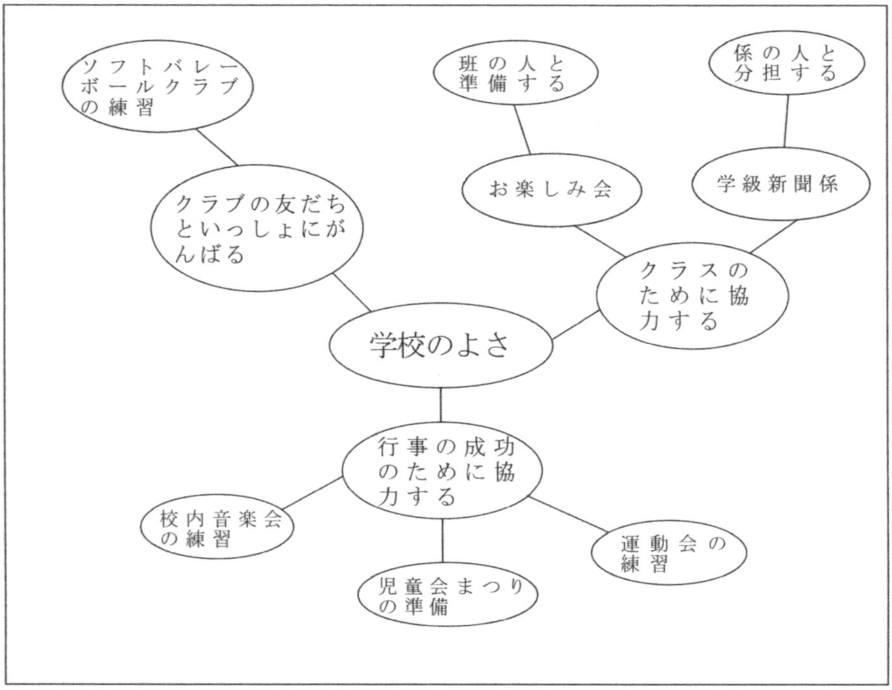

(2)　(例文)

私は、多くの友だちと出会えることが、学校のよさだと考えます。なぜなら、クラスやクラブの活動、行事の成功のために、たくさんの友だちと力を合わせることで、喜びや感動を共有することができたからです。そのような経験は、自分一人では得られなかったものです。

中学校では、新しい友だちにたくさん出会います。部活や行事などでは、友だちと協力して取り組むことが多いと思います。楽しいことばかりでなく、意見が対立し、物事がうまく進まないこともあるでしょう。そのような時は、よく話し合って、おたがいの考えを理解し合うことが大切だと考えます。そして、難しい問題を乗りこえた時に、きずなや信らいがより深まるのだと思います。そのような経験を共有した人とは、一生の友だちになれる気がします。友だちとの出会いを大切にし、おたがいにはげまし合ったり競い合ったりして成長することができるような中学校生活を送りたいです。

《解答例》

【問１】⑴ア，イ，エ　⑵・ゆでて食べる　・皮は手作り，厚くてもちもち　・レシピ，持ってくる　・12/16，19 は×，それ以外の日は○　⑶右図

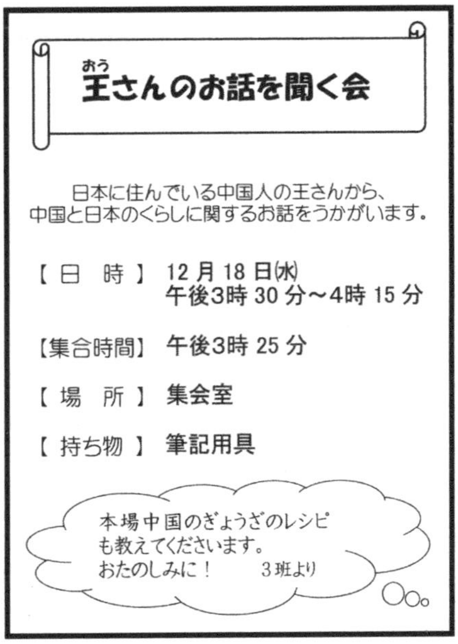
王《おう》さんのお話を聞く会
日本に住んでいる中国人の王さんから、
中国と日本のくらしに関するお話をうかがいます。
【日　時】12 月 18 日(水)
午後3時 30 分～4時 15 分
【集合時間】午後3時 25 分
【場　所】集会室
【持ち物】筆記用具
本場中国のぎょうざのレシピ
も教えてくださいます。
おたのしみに！
3 班より

【問２】⑴ア．１　イ．２　ウ．４　エ．(参加チーム数)－１　⑵参加チーム数が２，３，４，５のとき，全部の試合数は，１，３，６，10 と増えていて，その増加分が２，３，４と１ずつ増えていくきまりがある。

⑶コート数…４　１試合の時間…15　試合間の時間…５

理由…総当たり戦の場合，大会での総試合数は全部で 24 試合になる。大会に使える時間は 180 分以内で，４コートを使うと１コートで６試合すればよいから，試合の時間と試合と試合の間の時間を合わせて 30 分以内にすればよい。試合と試合の間の時間を５分にすると，１試合の時間は，25 分以内にすればよいから試合の時間は 15 分とする。

このことから，大会にかかる時間の合計は，115 分になり，180 分以内になるから，コートを４コート，１試合の試合時間を 15 分，試合と試合の間の時間を５分にした。

【問３】⑴可燃ごみの中に，プラごみが６％混ざっている。プラごみはリサイクルできるから資源物として出さなくてはいけない。　⑵イ，ウ，オ

⑶(例文)

私は，家でプラスチック製容器包装や紙を可燃ごみに捨てていることがあります。みなさんもそういうことはあるのではないでしょうか。

そこで，分別をしっかりするために，可燃，プラスチック製容器包装，紙の３種類のごみ箱をセットで用意し，分別がよくわかるように種類別のイラストを付けることを提案します。

みなさんの家でもごみ箱をセットで用意すれば分別しやすくなり，結果として可燃ごみを減らすことにもなります。

【問４】⑴共通する点…からだが３つに分かれている。／触角のようなものがある。／腹部に模様がある。／足に節がある。などから２つ　ちがう点…学さんのスケッチには，足が４対あるが，緑さんのスケッチには，足が３対しかない。　⑵ウ　⑶［１記号／２番号／３理由］［ア／⑥／樹液を吸いに来るから。］，［イ／⑦／花のミツを吸うから。〔別解〕葉に産卵するから。］，［ウ／①／巣をつくり，昆虫が飛んでくるのを待っているから。］，［エ／③／石の下で身をかくしているから。］，［オ／⑧／えさを求めて飛んでいるから。〔別解〕産卵のため池の周りにいるから。］，［カ／⑤／えさを求めて草むらにいるから。］，［キ／⑧／水の近くで昆虫などを食べているから。］，［ク／⑤／えさを求めて草むらにいるから。］などから２つ　⑷［記号／説明］［ア／土の中で，幼虫の状態で過ごす。］，［イ／さなぎとなって，木や草につく。］，［ウ／草むらで，成体や幼体で過ごす。］，

［エ／土の中で，卵の状態で過ごす。］，［オ／水中でヤゴの状態で過ごす。］，［カ／草むらや木で，卵の状態で過ごす。］，［キ／土の中で，冬眠してカエルの状態で過ごす。］，［ク／葉の下で，テントウムシの状態で過ごす。］などから２つ

《解　説》

【問１】

⑴　訓読みは，漢字をその意味に当てた日本語で読む読み方。ア，イ，エが適する。音読みは，昔の中国の読み方に基づく読み方。

⑵　王《おう》さんの「中国では，ぎょうざはゆでて食べます。皮は自分の家で作ります。日本の皮より厚くて，もちもちしています」「ぎょうざのレシピも持っていきますね。12 月 16 日の月曜日と 19 日の木曜日は都合が悪いので，それ以外の日ならだいじょうぶですよ」などの言葉からまとめる。

⑶　文字の大きさをかえる，日時や集合の時間が目立つようにか条書きにする，お話の会の具体的な内容にもふれるなどの工夫をして，わかりやすく，お話を聞く会のみりょくが伝わるようなポスターをかこう。

【問２】

⑴　トーナメント表から試合数を数えるとき，トーナメント表の横の線の数を数えればよいから，問題のトーナメント表より，２チームの場合はア１試合，３チームの場合はイ２試合，４チームの場合は３試合とわかる。
これらのことから，参加チーム数から１引いた数が，全部の試合数と同じになると考えられる。
したがって，５チームの場合は５－１＝ウ４(試合)となる。例えば，５チームの場合のトーナメント表として，右図のようなものが考えられ４試合であるとわかる。よって，トーナメントの全部の試合数は，エ(参加チーム数)－１の式を使って求められる。

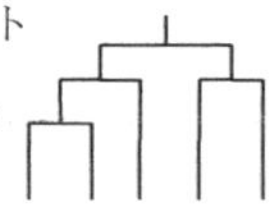

⑵　表からきまりを見つけるときは，表の上の数字が１つ上がるごとに，表の下の数字がどのように変化していくのかについて考えるとよい。表の下の数字が規則的にならんでいるように見えない場合は，となり合う数の差などにも注目すると規則が見つかることが多い。

⑶　１試合の時間とその次の試合までの時間の合計が 10＋２＝12(分)以上でなければならないので，すべてのコートを使い，できるだけ試合の時間を長くできるようにすることを考える。
問題の表２から，４チームの総当たりでの試合数は６試合なので，大会での全部の試合数は６×４＝24(試合)であり，大会ができるのは 12 時－９時＝３時間＝(３×60)分＝180 分である。すべてのコートを使用する場合は，解答例のようになる。
また，１試合の時間と試合と試合の間の時間を先に決めた場合，以下のように考えられる。
メモの③と④から，１試合の時間を 10 分，試合と試合の間の時間を２分とすると，１試合の時間とその次の試合までの時間の合計が 12 分だから，１つのコートでできる最大の試合数は，180÷12＝15(試合)である。したがって，コートは２コート以上使用しなければならない。よって，使用するコート数は２コート，１試合の時間は 10 分，試合と試合の間の時間は２分とすることもできる。
なお，解答は他にも様々な組み合わせが考えられる。

【問３】

⑴　下線部①の緑さんの言葉から，資源物としてリサイクルされるべきごみが，可燃ごみとしてリサイクルされずに捨てられてしまうことが問題なのだとわかる。そのことを踏まえて，グラフ１と表１を見ると，可燃ごみぶくろの中に含《ふく》まれる，６％のプラごみが，プラスチック製品や工業用原材料にリサイクルされずに捨てられてしまうことが読み取れる。

⑵　ア．表１より，ビン類はメーカー・ビンメーカー，かん類は製鉄所・かんメーカー，ペットボトルはメーカーなどでも処理されているので，誤り。　イ．グラフ１より，可燃ごみぶくろの中に含まれているプラスチック製容器包装は全体の６％だから，その量は52314×0.06＝3138.84(トン)となり，3000トンを上回る。　ウ．表１より，紙類が製紙メーカーで処理されて，新聞紙・ティッシュペーパー・ダンボールなどの紙類に生まれ変わるとわかる。エ．グラフ２より，ジュースを入れてあったペットボトルは，「可燃・不燃ごみ等」として処理されるので誤り。オ．グラフ３より，長野市の可燃ごみの総量は，平成18年度が約63000トン，平成30年度が約52500トンなので，平成30年度は平成18年度より63000－52500＝10500(トン)と，10000トン以上減っている。

⑶　「家庭から出された可燃ごみ」を「分別」することで「減らしていく」提案を，自分の経験と関連づけて書くこと。一目でごみの分別方法が分かるアイディアとして，解答例の「イラスト」を「ごみの写真」などにしても良い。

【問４】

⑵　アリなどの昆虫《こんちゅう》は，からだが頭部，胸部，腹部の３つに分かれて，３対の足はすべて胸部についている。学さんがスケッチをした生物は，足が４対あるので，アリではないと考えられる。ア～クの中で足が４対あるのはウだけである。ただし，ウのなかまは，からだが頭胸部と腹部の２つに分かれていて，触角《しょっかく》をもたない。

《解答例》

⑴ （例）①友だち　②自分がこまっている時に助けてくれるから　③音楽会のアコーディオンえんそうの練習／指の動かし方のコツを教えてくれた。／本番は、なっとくいくえんそうができた。

⑵ （例文）

わたしにとってのたからものは、友だちです。なぜなら、自分がこまっている時に助けてくれる存在だからです。

音楽会に向けてアコーディオンの練習をしていた時のことです。わたしは指の動かし方がへたで、うまくえんそうできずにこまっていました。放課後に一人で練習していたところ、友だちの多くは、「がんばってね。」と言って先に帰っていきました。その中で、Ａさんが練習に付き合ってくれました。そして、指の動かし方のコツを教えてくれたのです。わたしはうれしさと感動で胸がいっぱいになりました。Ａさんのおかげで上達し、本番でなっとくのいくえんそうをすることができました。

楽しく過ごすだけの友だちはたくさんいます。その中で、つらい時に親身になって寄りそってくれる人こそが、本当の友だちだと感じました。そのような友だちを、自分にとってのたからもののように、大切にしたいと思います。

■ ご使用にあたってのお願い・ご注意

（1）問題文等の非掲載

著作権上の都合により，問題文や図表などの一部を掲載できない場合があります。

誠に申し訳ございませんが，ご了承くださいますようお願いいたします。

（2）過去問における時事性

過去問題集は，学習指導要領の改訂や社会状況の変化，新たな発見などにより，現在とは異なる表記や解説になっている場合があります。過去問の特性上，出題当時のままで出版していますので，あらかじめご了承ください。

（3）配点

学校等から配点が公表されている場合は，記載しています。公表されていない場合は，記載していません。

独自の予想配点は，出題者の意図と異なる場合があり，お客様が学習するうえで誤った判断をしてしまう恐れがあるため記載していません。

（4）無断複製等の禁止

購入された個人のお客様が，ご家庭でご自身またはご家族の学習のためにコピーをすることは可能ですが，それ以外の目的でコピー，スキャン，転載（ブログ，ＳＮＳなどでの公開を含みます）などをすることは法律により禁止されています。学校や学習塾などで，児童生徒のためにコピーをして使用することも法律により禁止されています。

ご不明な点や，違法な疑いのある行為を確認された場合は，弊社までご連絡ください。

（5）けがに注意

この問題集は針を外して使用します。針を外すときは，けがをしないように注意してください。また，表紙カバーや問題用紙の端で手指を傷つけないように十分注意してください。

（6）正誤

制作には万全を期しておりますが，万が一誤りなどがございましたら，弊社までご連絡ください。

なお，誤りが判明した場合は，弊社ウェブサイトの「ご購入者様のページ」に掲載しておりますので，そちらもご確認ください。

■ お問い合わせ

解答例，解説，印刷，製本など，問題集発行におけるすべての責任は弊社にあります。

ご不明な点がございましたら，弊社ウェブサイトの「お問い合わせ」フォームよりご連絡ください。迅速に対応いたしますが，営業日の都合で回答に数日を要する場合があります。

ご入力いただいたメールアドレス宛に自動返信メールをお送りしています。自動返信メールが届かない場合は，「よくある質問」の「メールの問い合わせに対し返信がありません。」の項目をご確認ください。

また弊社営業日（平日）は，午前９時から午後５時まで，電話でのお問い合わせも受け付けています。

2025 春

株式会社教英出版

〒422-8054　静岡県静岡市駿河区南安倍３丁目 12-28

TEL　054-288-2131　　FAX　054-288-2133

URL　https://kyoei-syuppan.net/

MAIL　siteform@kyoei-syuppan.net

教英出版

神奈川県

①［県立］相模原中等教育学校
　　　　平塚中等教育学校
②［市立］南高等学校附属中学校
③［市立］横浜サイエンスフロンティア高等学校附属中学校
④［市立］川崎高等学校附属中学校
✿⑤聖光学院中学校
✿⑥浅野中学校
⑦洗足学園中学校
⑧法政大学第二中学校
⑨逗子開成中学校（1次）
⑩逗子開成中学校（2·3次）
⑪神奈川大学附属中学校（第1回）
⑫神奈川大学附属中学校（第2·3回）
⑬栄光学園中学校
⑭フェリス女学院中学校

新潟県

①［県立］村上中等教育学校
　　　　柏崎翔洋中等教育学校
　　　　燕中等教育学校
　　　　津南中等教育学校
　　　　直江津中等教育学校
　　　　佐渡中等教育学校
②［市立］高志中等教育学校
③新潟第一中学校
④新潟明訓中学校

石川県

①［県立］金沢錦丘中学校
②星稜中学校

福井県

①［県立］高志中学校

山梨県

①山梨英和中学校
②山梨学院中学校
③駿台甲府中学校

長野県

①［県立］屋代高等学校附属中学校
　　　　諏訪清陵高等学校附属中学校
②［市立］長野中学校

岐阜県

①岐阜東中学校
②鶯谷中学校
③岐阜聖徳学園大学附属中学校

静岡県

①［国立］静岡大学教育学部附属中学校
　　　　（静岡·島田·浜松）
②［県立］清水南高等学校中等部
　［県立］浜松西高等学校中等部
　［市立］沼津高等学校中等部
③不二聖心女子学院中学校
④日本大学三島中学校
⑤加藤学園暁秀中学校
⑥星陵中学校
⑦東海大学付属静岡翔洋高等学校中等部
⑧静岡サレジオ中学校
⑨静岡英和女学院中学校
⑩静岡雙葉中学校
⑪静岡聖光学院中学校
⑫静岡学園中学校
⑬静岡大成中学校
⑭城南静岡中学校
⑮静岡北中学校
⑯常葉大学附属常葉中学校
　常葉大学附属橘中学校
　常葉大学附属菊川中学校
⑰藤枝明誠中学校
⑱浜松開誠館中学校
⑲静岡県西遠女子学園中学校
⑳浜松日体中学校
㉑浜松学芸中学校

愛知県

①［国立］愛知教育大学附属名古屋中学校
②愛知淑徳中学校
③名古屋経済大学市邨中学校
　名古屋経済大学高蔵中学校
④金城学院中学校
⑤椙山女学園中学校
⑥東海中学校
⑦南山中学校男子部
⑧南山中学校女子部
⑨聖霊中学校
⑩滝中学校
⑪名古屋中学校
⑫大成中学校
⑬愛知中学校
⑭星城中学校
⑮名古屋葵大学中学校
　（名古屋女子大学中学校）
⑯愛知工業大学名電中学校
⑰海陽中等教育学校（特別給費生）
⑱海陽中等教育学校（I·II）
⑲中部大学春日丘中学校
新刊⑳名古屋国際中学校

三重県

①［国立］三重大学教育学部附属中学校
②暁中学校
③海星中学校
④四日市メリノール学院中学校
⑤高田中学校
⑥セントヨゼフ女子学園中学校
⑦三重中学校
⑧皇學館中学校
⑨鈴鹿中等教育学校
⑩津田学園中学校

滋賀県

①［国立］滋賀大学教育学部附属中学校
②［県立］河瀬中学校
　　　　守山中学校
　　　　水口東中学校

京都府

①［国立］京都教育大学附属桃山中学校
②［府立］洛北高等学校附属中学校
③［府立］園部高等学校附属中学校
④［府立］福知山高等学校附属中学校
⑤［府立］南陽高等学校附属中学校
⑥［市立］西京高等学校附属中学校
⑦同志社中学校
⑧洛星中学校
⑨洛南高等学校附属中学校
⑩立命館中学校
⑪同志社国際中学校
⑫同志社女子中学校（前期日程）
⑬同志社女子中学校（後期日程）

大阪府

①［国立］大阪教育大学附属天王寺中学校
②［国立］大阪教育大学附属平野中学校
③［国立］大阪教育大学附属池田中学校

④[府立]富田林中学校
⑤[府立]咲くやこの花中学校
⑥[府立]水都国際中学校
⑦清風中学校
⑧高槻中学校（A日程）
⑨高槻中学校（B日程）
⑩明星中学校
⑪大阪女学院中学校
⑫大谷中学校
⑬四天王寺中学校
⑭帝塚山学院中学校
⑮大阪国際中学校
⑯大阪桐蔭中学校
⑰開明中学校
⑱関西大学第一中学校
⑲近畿大学附属中学校
⑳金蘭千里中学校
㉑金光八尾中学校
㉒清風南海中学校
㉓帝塚山学院泉ヶ丘中学校
㉔同志社香里中学校
㉕初芝立命館中学校
㉖関西大学中等部
㉗大阪星光学院中学校

兵庫県

①[国立]神戸大学附属中等教育学校
②[県立]兵庫県立大学附属中学校
③雲雀丘学園中学校
④関西学院中学部
⑤神戸女学院中学部
⑥甲陽学院中学校
⑦甲南中学校
⑧甲南女子中学校
⑨灘中学校
⑩親和中学校
⑪神戸海星女子学院中学校
⑫滝川中学校
⑬啓明学院中学校
⑭三田学園中学校
⑮淳心学院中学校
⑯仁川学院中学校
⑰六甲学院中学校
⑱須磨学園中学校（第1回入試）
⑲須磨学園中学校（第2回入試）
⑳須磨学園中学校（第3回入試）
㉑白陵中学校
㉒夙川中学校

奈良県

①[国立]奈良女子大学附属中等教育学校
②[国立]奈良教育大学附属中学校
③[県立]
- 国際中学校
- 青翔中学校

④[市立]一条高等学校附属中学校
⑤帝塚山中学校
⑥東大寺学園中学校
⑦奈良学園中学校
⑧西大和学園中学校

和歌山県

①[県立]
- 古佐田丘中学校
- 向陽中学校
- 桐蔭中学校
- 日高高等学校附属中学校
- 田辺中学校

②智辯学園和歌山中学校
③近畿大学附属和歌山中学校
④開智中学校

岡山県

①[県立]岡山操山中学校
②[県立]倉敷天城中学校
③[県立]岡山大安寺中等教育学校
④[県立]津山中学校
⑤岡山中学校
⑥清心中学校
⑦岡山白陵中学校
⑧金光学園中学校
⑨就実中学校
⑩岡山理科大学附属中学校
⑪山陽学園中学校

広島県

①[国立]広島大学附属中学校
②[国立]広島大学附属福山中学校
③[県立]広島中学校
④[県立]三次中学校
⑤[県立]広島叡智学園中学校
⑥[市立]広島中等教育学校
⑦[市立]福山中学校
⑧広島学院中学校
⑨広島女学院中学校
⑩修道中学校
⑪崇徳中学校
⑫比治山女子中学校
⑬福山暁の星女子中学校
⑭安田女子中学校
⑮広島なぎさ中学校
⑯広島城北中学校
⑰近畿大学附属広島中学校福山校
⑱盈進中学校
⑲如水館中学校
⑳ノートルダム清心中学校
㉑銀河学院中学校
㉒近畿大学附属広島中学校東広島校
㉓AICJ中学校
㉔広島国際学院中学校
㉕広島修道大学ひろしま協創中学校

山口県

①[県立]
- 下関中等教育学校
- 高森みどり中学校

②野田学園中学校

徳島県

①[県立]
- 富岡東中学校
- 川島中学校
- 城ノ内中等教育学校

②徳島文理中学校

香川県

①大手前丸亀中学校
②香川誠陵中学校

愛媛県

①[県立]
- 今治東中等教育学校
- 松山西中等教育学校

②愛光中学校
③済美平成中等教育学校
④新田青雲中等教育学校

高知県

①[県立]
- 安芸中学校
- 高知国際中学校
- 中村中学校

福岡県

①[国立]福岡教育大学附属中学校（福岡・小倉・久留米）

②[県立]
- 育徳館中学校
- 門司学園中学校
- 宗像中学校
- 嘉穂高等学校附属中学校
- 輝翔館中等教育学校

③西南学院中学校
④上智福岡中学校
⑤福岡女学院中学校
⑥福岡雙葉中学校
⑦照曜館中学校
⑧筑紫女学園中学校
⑨敬愛中学校
⑩久留米大学附設中学校
⑪飯塚日新館中学校
⑫明治学園中学校
⑬小倉日新館中学校
⑭久留米信愛中学校
⑮中村学園女子中学校
⑯福岡大学附属大濠中学校
⑰筑陽学園中学校
⑱九州国際大学付属中学校
⑲博多女子中学校
⑳東福岡自彊館中学校
㉑八女学院中学校

佐賀県

①[県立]
- 香楠中学校
- 致遠館中学校
- 唐津東中学校
- 武雄青陵中学校

②弘学館中学校
③東明館中学校
④佐賀清和中学校
⑤成穎中学校
⑥早稲田佐賀中学校

長崎県

①[県立]
- 長崎東中学校
- 佐世保北中学校
- 諫早高等学校附属中学校

②青雲中学校
③長崎南山中学校
④長崎日本大学中学校
⑤海星中学校

熊本県

①[県立]
- 玉名高等学校附属中学校
- 宇土中学校
- 八代中学校

②真和中学校
③九州学院中学校
④ルーテル学院中学校
⑤熊本信愛女学院中学校
⑥熊本マリスト学園中学校
⑦熊本学園大学付属中学校

大分県

①[県立]大分豊府中学校
②岩田中学校

宮崎県

①[県立]五ヶ瀬中等教育学校
②[県立]
- 宮崎西高等学校附属中学校
- 都城泉ヶ丘高等学校附属中学校

③宮崎日本大学中学校
④日向学院中学校
⑤宮崎第一中学校

鹿児島県

①[県立]楠隼中学校
②[市立]鹿児島玉龍中学校
③鹿児島修学館中学校
④ラ・サール中学校
⑤志學館中等部

沖縄県

①[県立]
- 与勝緑が丘中学校
- 開邦中学校
- 球陽中学校
- 名護高等学校附属桜中学校

もっと過去問シリーズ

北海道

北嶺中学校
7年分（算数・理科・社会）

静岡県

静岡大学教育学部附属中学校
（静岡・島田・浜松）
10年分（算数）

愛知県

愛知淑徳中学校
7年分（算数・理科・社会）
東海中学校
7年分（算数・理科・社会）
南山中学校男子部
7年分（算数・理科・社会）
南山中学校女子部
7年分（算数・理科・社会）
滝中学校
7年分（算数・理科・社会）
名古屋中学校
7年分（算数・理科・社会）

岡山県

岡山白陵中学校
7年分（算数・理科）

広島県

広島大学附属中学校
7年分（算数・理科・社会）
広島大学附属福山中学校
7年分（算数・理科・社会）
広島学院中学校
7年分（算数・理科・社会）
広島女学院中学校
7年分（算数・理科・社会）
修道中学校
7年分（算数・理科・社会）
ノートルダム清心中学校
7年分（算数・理科・社会）

愛媛県

愛光中学校
7年分（算数・理科・社会）

福岡県

福岡教育大学附属中学校
（福岡・小倉・久留米）
7年分（算数・理科・社会）
西南学院中学校
7年分（算数・理科・社会）
久留米大学附設中学校
7年分（算数・理科・社会）
福岡大学附属大濠中学校
7年分（算数・理科・社会）

佐賀県

早稲田佐賀中学校
7年分（算数・理科・社会）

長崎県

青雲中学校
7年分（算数・理科・社会）

鹿児島県

ラ・サール中学校
7年分（算数・理科・社会）

※もっと過去問シリーズは
国語の収録はありません。

教英出版
〒422-8054
静岡県静岡市駿河区南安倍3丁目12－28
TEL 054-288-2131
FAX 054-288-2133
詳しくは教英出版で検索
教英出版　検索
URL https://kyoei-syuppan.net/

令和6年度

長野市立長野中学校入学者選抜

適性検査（時間50分）

【注意事項《じこう》】

1　「始め」の合図があるまで、中を開いてはいけません。

2　検査問題は、**【問１】**から**【問３】**まであり、問題冊子《さっし》の４～11 ページに印刷されています。

3　問題冊子とは別に、３枚《まい》の解答用紙があります。３枚の解答用紙に、氏名と受検番号をまちがいのないように書きなさい。

4　解答は、すべて解答用紙の解答らんに書きなさい。なお、解答用紙の※印のあるところには、何も書いてはいけません。

5　問題冊子のあいているところは、メモに使ってもかまいません。

6　検査が始まってから、印刷がはっきりしないところや、ページが足りないところがあれば、静かに手をあげなさい。

7　答えを直すときは、きれいに消してから、新しい答えを書きなさい。

8　まわりの人と話をしたり、用具の貸し借りをしたりしてはいけません。

9　解答は、指定された字数や条件にしたがって書きなさい。

また、句読点（ 、 。 ）や、かぎかっこ（ 「 」 ）も１字に数えます。

このページに問題はありません。

計算やメモに使ってもかまいませんが、解答は解答用紙に書くこと。

このページに問題はありません。

計算やメモに使ってもかまいませんが、解答は解答用紙に書くこと。

【問１】緑《みどり》さんたちは、社会見学で金ぞくリサイクルの工場に行き、じ石《しゃく》の力で金ぞくを運ぶクレーンを見ました。下の会話はその時の緑さんと豊《ゆたか》さんと学《まなぶ》さんと先生の会話です。各問いに答えなさい。

緑さん：	どうして、じ石の力でくっついていた金ぞくを決まったところで落とすことができるのですか。
先　生：	あのクレーンに使われているじ石は電じ石と言って、［　　X　　］という性質があるので、くっつけていた金ぞくを落とすことができるのです。
豊さん：	そんな便利なじ石があるのですね。それにしても、あんなにたくさんの金ぞくを持ち上げるなんて強力ですね。電流の大きさと電じ石の力の大きさに何か関係があるのでしょうか。
学さん：	それなら、かん電池と電じ石を使って実験をしてみましょう。

(1)緑さんは、かん電池の数を変えたときの電じ石の力の変化を調べることにしました。下の**Ａ～Ｅ**は緑さんが電じ石の力の変化を調べたときの回路です。**結果１**はそのときに電じ石が持ち上げたクリップの重さと検流計の針《はり》のふれた向きを表しています。次の①～②の各問いに答えなさい。

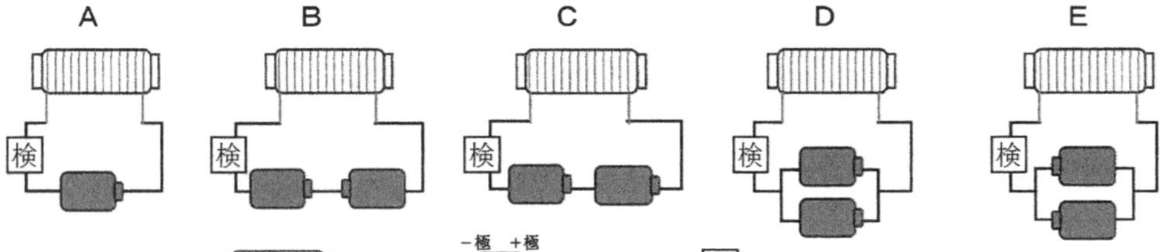

※ ：電じ石　−極 ＋極：かん電池　検：検流計
回路は切れているところがなくて、全てつながっているものとする。

結果１

回路	A	B	C	D	E
持ち上げたクリップの重さ（g）	7	0	18	ア	9
検流計の針のふれた向き	右	ふれない	右	イ	左

①回路**Ｄ**のときの、持ち上げたクリップの重さを**ア**、検流計の針のふれた向きを**イ**として、最も適切な組み合わせを次の**あ～き**から１つ選び、記号を書きなさい。

	あ	い	う	え	お	か	き
ア	0	9	9	18	18	36	36
イ	ふれない	右	左	右	左	右	左

②**結果１**から［　X　］に入る電じ石の性質を「電流」という言葉を使って書きなさい。

(2)緑さんは、もっと電じ石の力を大きくしたいと考えて、かん電池を３つ使って実験をしてみることにしました。下の**あ～う**はそのときの回路です。電じ石の力が強いと考えられる順番に記号を書きなさい。

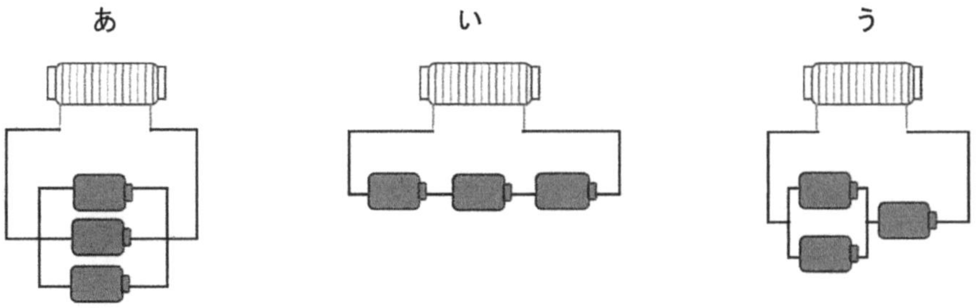

緑さんたちは、かん電池の数を増やすほかに電じ石の力を大きくする方法がないか考え、コイルの巻《ま》き数に着目しました。そこで、100 回巻きと 200 回巻きのコイルを準備して３人で順番に実験を行ったところ、**結果２**のように結果にばらつきが出てしまいました。

結果２：コイルの巻き数と電じ石についたクリップの重さ

	100 回巻き	200 回巻き
緑さん	18 g	28 g
学さん	5 g	13 g
豊さん	7 g	12 g

緑さんたちは、実験結果にばらつきが出てしまったのは実験のやり方に原因があるのではないかと考えました。そこで、緑さんたちは実験のやり方を振《ふ》り返ってみました。

緑さん：それぞれどのように実験を行ったのか、振り返ってみましょう。

【振り返り】

	緑さん	学さん	豊さん
使用した回路	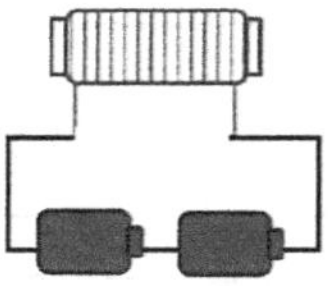	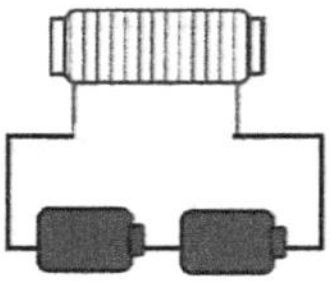	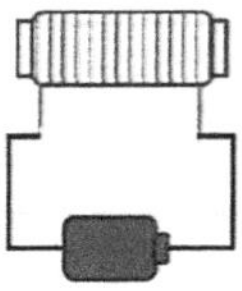
クリップをつけた場所 （クリップがついた場所を点線で示してある）	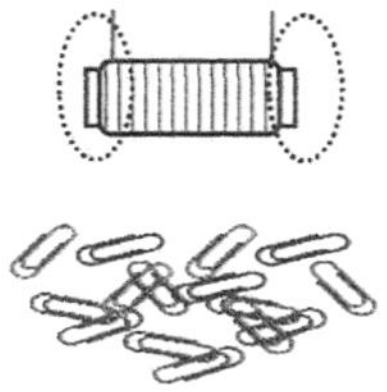	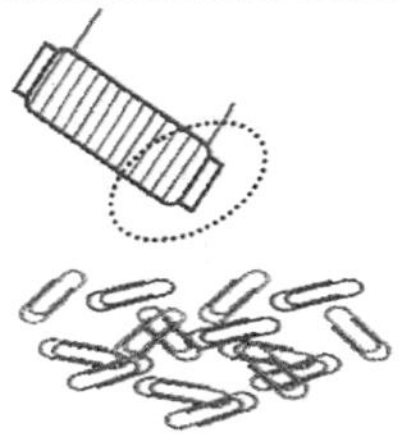	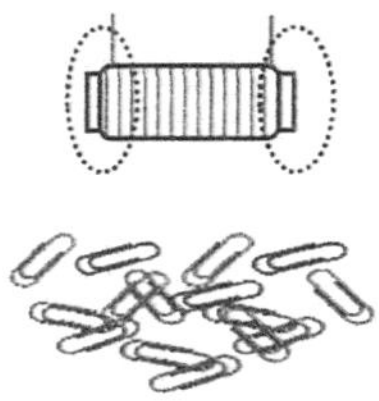
コイルの近づけ方	コイルがクリップに接するまで近づけた	コイルがクリップに接するまで近づけた	コイルがクリップに接するまで近づけた

学さん：使用した実験器具は全て同じなので、実験器具が結果のばらつきの原因とは考えにくいですね。そうなると、ゥどのような原因があるのでしょうか。

豊さん：もう一度実験してみましょう。

(3) 下線部**ウ**について、実験結果のばらつきの原因として考えられることを**【振り返り】**の内容をもとにして2つ書きなさい。

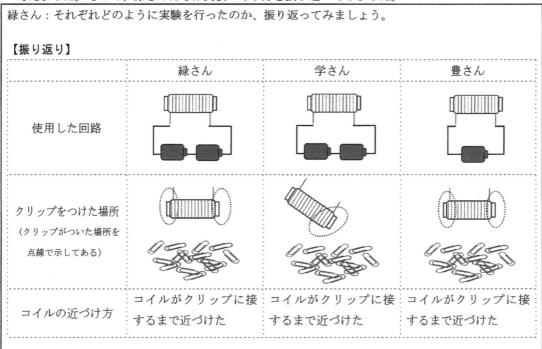

【問２】緑《みどり》さんは、ニュースで昨年から今年にかけて電気料金が上がっていることを知り、緑さんの父親と会話をしています。各問いに答えなさい。

緑さん：昨年から今年にかけて、私の家の電気料金も上がっているのでしょうか。
父　親：そうですね。**図１**は昨年と今年の５月の電気料金をまとめたものです。電気使用量は違いますが、昨年に比べて今年は電気料金が［ア］倍に上がっていますね。

図１

昨年の５月分	電気料金　10000円	電気使用量 400kWh
今年の５月分	電気料金　16000円	電気使用量 500kWh

※kWh（キロワット時）は電気使用量を表す単位

緑さん：電気使用量が同じだったとしたら、昨年と今年の電気料金はどのくらい違《ちが》うのでしょうか。
父　親：電気料金にはいくつかのプランがあって、家のプランはＸプランというものです。電気料金の計算の仕方は次のようになっていますよ。

Ｘプラン
（１か月の電気料金）＝（基本料金）＋（１か月の電気使用量）×（電気使用量１kWhあたりの料金）

※『基本料金』は電気使用量に関わらずかかる金額

父　親：電力会社のホームページを見ると、基本料金は2000円で昨年から変わっていないですね。つまり、１kWhあたりの料金が昨年から今年にかけて上がっているということです。また、今年５月は１kWhあたり28円でしたが、昨年の１kWhあたりの料金は分かりませんでした。
緑さん：昨年の１kWhあたりの料金は、計算することで求めることができますね。**図１**から昨年５月分の電気料金と電気使用量が分かるから、イ昨年５月の１kWhあたりの料金を□円とすれば、10000＝2000＋400×□という式で表すことができます。
父　親：ウこの式から昨年５月の１kWhあたりの料金を求めて、料金が上がっていることを確《かく》認《にん》してみましょう。

(1) 会話中の［ア］にあてはまる数を書きなさい。

(2) 下線部**イ**について、昨年５月の１kWhあたりの料金を求める式として適切なものを、次の**あ**～**え**から１つ選び、記号で書きなさい。
あ　(10000＋2000)×400　　**い**　(10000－2000)×400
う　(10000＋2000)÷400　　**え**　(10000－2000)÷400

(3) 下線部**ウ**について、昨年５月の電気使用量１kWhあたりの料金を求めなさい。

2024(R6) 長野市立長野中
K 教英出版

令和六年度

長野市立長野中学校入学者選抜

作文　（時間　50分）

【注意事項《じこう》】

1　「始め」の合図があるまで、中を開いてはいけません。

2　作文の問題は、問題冊子《さっし》の2～4ページに印刷されています。

3　問題冊子とは別に、2枚《まい》の解答用紙があります。2枚の解答用紙に、氏名と受検番号をまちがいのないように書きなさい。

4　解答は、すべて解答用紙の解答らんに書きなさい。なお、解答用紙の※印のあるところには、何も書いてはいけません。

5　問題冊子のあいているところは、メモに使ってもかまいません。

6　検査が始まってから、印刷がはっきりしないところや、ページが足りないところがあれば、静かに手をあげなさい。

7　答えを直すときは、きれいに消してから、新しい答えを書きなさい。

8　まわりの人と話をしたり、用具の貸し借りをしたりしてはいけません。

9　解答は、指定された字数や条件にしたがって書きなさい。また、句読点（、。）やかぎかっこ（「」）も1字に数えます。

【問】総合的な学習の時間に、緑《みどり》さんと豊《ゆたか》さんと学《まなぶ》さんが「長野市のよさ」について話をしています。

緑さん：テレビのニュースで、長野県が「*移住したい都道府県ランキング」で十七年連続一位になったと聞きました。

豊さん：私《わたし》の近所のAさんも県外から移住してきました。長野市は、山の①ケシキがすばらしいから住もうと決めたと聞きました。私たちはふだん暮《く》らしているから気付かないですが、長野市のよさって、たくさんあるのかもしれませんね。

学さん：私は、以前、神奈川県に住んでいましたが、海が近いからたくさん泳ぎに行きましたし、買い物ができる施設《しせつ》も近くにたくさんあって、楽しかったです。

緑さん：他の県から来た人から、長野市は住んでいる場所の近くに病院やスーパーが少ないから、車がないと②フベンだと聞いたことがあります。実際に他の県から長野市へ移住してきた人は、どう感じているのでしょうか。

豊さん：よいところもあるし、困《こま》っていることもあるかもしれませんね。Aさんに、インタビューして聞いてみましょう。

＊移住・・・他の土地または国へ移り住むこと。

移住したい都道府県ランキング

	1位	2位	3位	4位	5位
2021年	長野県	静岡県	山梨県	沖縄県	千葉県
2020年	長野県	静岡県	山梨県	沖縄県	千葉県
2019年	長野県	静岡県	千葉県・沖縄県		北海道
2018年	長野県	静岡県	千葉県	沖縄県	岡山県
2017年	長野県	静岡県	千葉県	山梨県	岡山県

出典：2022年版　第16回「移住したい都道府県ランキング」
『田舎《いなか》暮《ぐ》らしの本』2022年2月号（宝島社《たからじましゃ》）

(3)	

※問1計

（５）	Ａ料金を９時から18時で設定した場合の電気料金 ＿＿＿＿＿＿＿＿ （円）			
	【求め方の説明】			
（６）	オ		カ	

※問２計

（３）	方がよい	理由		
	続けない方がよい	選択した資料の番号		
		理由		
（４）				

※問３計

令和六年度

長野市立長野中学校入学者選抜

作文 （時間 50分）

【注意事項《じこう》】

1 「始め」の合図があるまで、中を開いてはいけません。

2 作文の問題は、問題冊子《さっし》の2～4ページに印刷されています。

3 問題冊子とは別に、2枚《まい》の解答用紙があります。2枚の解答用紙に、氏名と受検番号をまちがいのないように書きなさい。

4 解答は、すべて解答用紙の解答らんに書きなさい。なお、解答用紙の※印のあるところには、何も書いてはいけません。

5 問題冊子のあいているところは、メモに使ってもかまいません。

6 検査が始まってから、印刷がはっきりしないところや、ページが足りないところがあれば、静かに手をあげなさい。

7 答えを直すときは、きれいに消してから、新しい答えを書きなさい。

8 まわりの人と話をしたり、用具の貸し借りをしたりしてはいけません。

9 解答は、指定された字数や条件にしたがって書きなさい。また、句読点（、。）やかぎかっこ（「」）も1字に数えます。

【問】総合的な学習の時間に、緑《みどり》さんと豊《ゆたか》さんと学《まなぶ》さんが「長野市のよさ」について話をしています。

緑さん：テレビのニュースで、長野県が「＊移住したい都道府県ランキング」で十七年連続一位になったと聞きました。

豊さん：私《わたし》の近所のAさんも県外から移住してきました。長野市は、山の①ケシキがすばらしいから住もうと決めたと聞きました。私たちはふだん暮《く》らしているから気付かないですが、長野市のよさって、たくさんあるのかもしれませんね。

学さん：私は、以前、神奈川県に住んでいましたが、海が近いからたくさん泳ぎに行きましたし、買い物ができる施設《しせつ》も近くにたくさんあって、楽しかったです。

緑さん：他の県から来た人から、長野市は住んでいる場所の近くに病院やスーパーが少ないから、車がないと②フベンだと聞いたことがあります。実際に他の県から長野市へ移住してきた人は、どう感じているのでしょうか。

豊さん：よいところもあるし、困《こま》っていることもあるかもしれませんね。Aさんに、インタビューして聞いてみましょう。

＊移住・・・他の土地または国へ移り住むこと。

移住したい都道府県ランキング

	1位	2位	3位	4位	5位
2021年	長野県	静岡県	山梨県	沖縄県	千葉県
2020年	長野県	静岡県	山梨県	沖縄県	千葉県
2019年	長野県	静岡県	千葉県・沖縄県		北海道
2018年	長野県	静岡県	千葉県	沖縄県	岡山県
2017年	長野県	静岡県	千葉県	山梨県	岡山県

出典：2022年版　第16回「移住したい都道府県ランキング」
『田舎《いなか》暮《ぐ》らしの本』2022年2月号（宝島社《たからじましゃ》）

（３）	

※問１計

（3）	方がよい	理由		
	続けない方がよい	選択した資料の番号		
		理由		
（4）				

※問３計

2点×2

35

35

5点×2

6点

※(一)

※(二)

※(三)

※問一計

２点×２

35

５点×２

35

６点

※（一）

※（二）

※（三）

※問一計

5点

150

10点

(三)

200

250

15点

※(一)
※(二)
※(三)
※問二計

作－②

作文　解答用紙

氏名	
受検番号	

問二

（一）

よさ	課題

（二）

200

作－①

作文　解答用紙

氏名	
受検番号	

得　点
※

※50点満点

問一

（一）

①

②

（二）

25

25

（三）

【解答

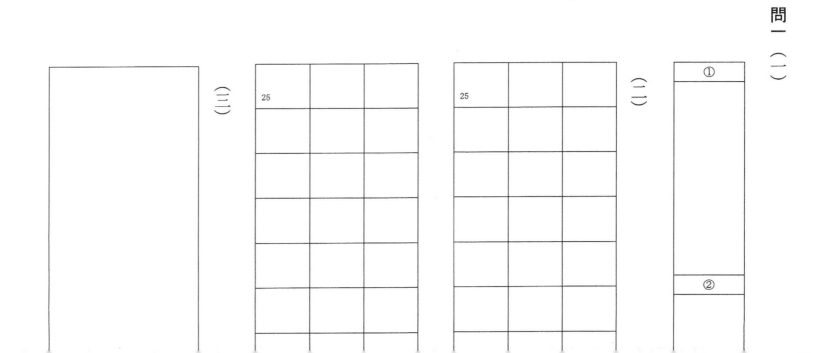

適－③

解答用紙

氏名	
受検番号	

得　点
※

【問３】

⑴５点　⑵番号・年代…５点　予想…５点　⑶５点×２　⑷５点

（１）		
（２）	理由のもとになる資料の番号	
	年代	□歳～□歳
	予想	
	選択した	

【解答

適－②

解答用紙

氏名	
受検番号	

得　点
※

【問２】 (1)５点　(2)４点　(3)２点　(4)８点　(5)15 点　(6)完答６点

（１）	（倍）
（２）	
（３）	（円）
	エ　にあてはまる数 ＿＿＿＿＿＿＿＿ （円）
	【求め方の説明】

適－①

解答用紙

氏名	
受検番号	

得　点
※

※100点満点

【問１】

⑴６点×２　⑵６点　⑶12点

（1）	①	
	②	

【解答

Aさんへのインタビュー

緑さん：Aさんは、いつ長野市に移住したのですか。

Aさん：去年の四月です。桜の花が咲《さ》き始めていましたが、春なのに、まだ肌《はだ》寒かったのを覚えています。長野市に移住して、一年半がたちました。山が近くにあるせいか季節を感じやすいです。今は、都会とは違《ちが》った生活を楽しんでいます。

緑さん：特にどんなところが違いますか。

Aさん：都会は人がたくさんいるからにぎやかで楽しいけれど、毎日を忙《いそが》しく感じていました。時間に追われているようでした。

豊さん：どうして長野市に移住したのですか。

Aさん：以前から長野市へ旅行することが多かったのですが、自然が豊かで、のんびりとした気持ちで過ごせるところが気に入っていました。旅行のたびに訪《おとず》れるレストランでは、そこに集まる地元の方々と出会いました。気さくに声をかけてくれる方が多く、楽しい時間を過ごせました。

豊さん：実際に住んで感じたよさはありますか。

Aさん：もともと農業に興味があって、自分で野菜を作りたいと思っていました。最初、上手く作れなくて困っていたら、地元の方がアドバイスをくれました。そうしたら、立派《りっぱ》な野菜ができました。採りたての野菜は新鮮でとてもおいしかったです。

豊さん：私も地元の野菜が大好きです。それから、お米や果物もおいしいですよね。長野市の有名な料理の中で好きな料理はありますか。

Aさん：おやきが好きです。自分で作ったこともありますが、善光寺《ぜんこうじ》の近くのお店で食べたおやきには、地元の野菜が使われていて、おいしくて気に入っています。

豊さん：［　ア　］

Aさん：以前はあまり雪の降《ふ》らない地域《ちいき》に住んでいたので気になりませんでしたが、冬になると雪がたくさん降ることです。雪かきを何回もやらなければいけません。それに、車で移動するときも時間がかかります。

学さん：たしかに、冬に雪が降ると大変なこともありますが、近くにはスキーやスケートができる場所があるので、ぜひ行ってみてください。貴重《きちょう》なお時間、ありがとうございました。

問一　緑さんたちの会話や**Aさんへのインタビュー**を読んで、各問いに答えなさい。

(一)　――部①〜②のカタカナを漢字で書きなさい。

(二)　緑さんは、**Aさんへのインタビュー**を通して、「長野市のよさ」の一つとして「地元の人のやさしさ」があると感じました。そう感じた理由をインタビューの中から二つ見つけ、それぞれ二十五字以上、三十五字以内で書きなさい。

(三)　インタビューが成り立つように、［ア］に入るAさんへの質問を考えて、この場面にふさわしい言葉づかいで書きなさい。

問二　あなたの考えを書きなさい。

(一)　あなたが住んでいる地域のよさと課題は何ですか。

(二)　(一)で考えたよさと課題の理由について、それぞれにあなたの体験を含《ふく》めて百五十字以上、二百字以内で書きなさい。

(三)　(一)、(二)をふまえて、あなたは、住んでいる地域をどのような地域にしていきたいと考えますか。あなたの考えと、そのためにこれから取り組みたい活動について、二百字以上、二百五十字以内で書きなさい。なお、取り組みたい活動は、総合的な学習の時間の中でできることとして考えること。

緑さん：ところで、今年6月の電気料金はいくらになりそうですか。
父　親：月の途中の電気料金は、電力会社のホームページで確認《かくにん》できるようになっていますよ。ちょっと見てみましょう。

図2（6月10日時点）

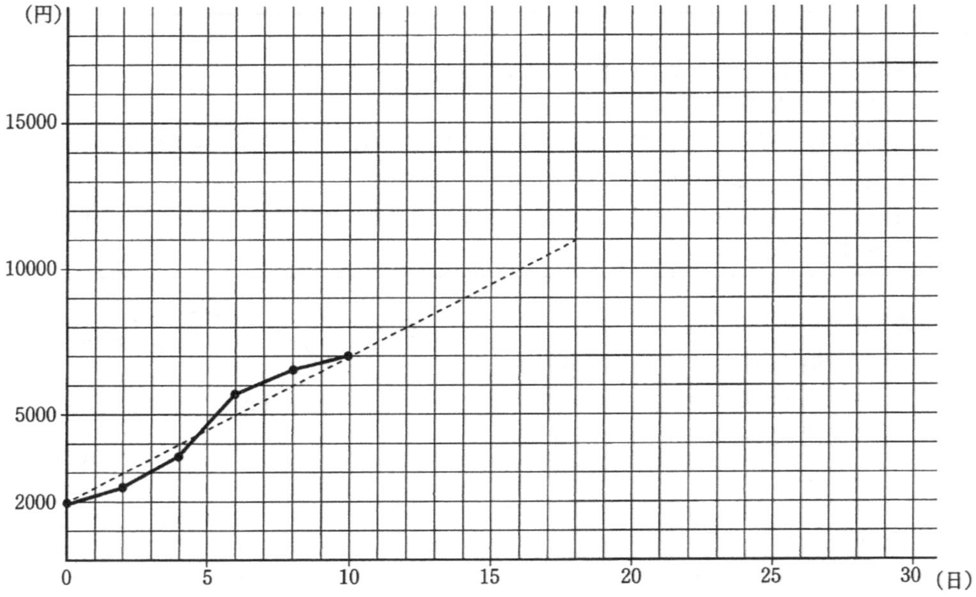

父　親：6月の電気料金は**図2**のようになっていて、10日までの電気料金が折れ線グラフで示されています。点線の直線は、このまま電気料金が上がっていったらいくらになるのかの目安を示していますよ。
緑さん：そうなのですね。点線の直線のままでいったら、今月の30日には電気料金が [エ] 円になりそうですね。
父　親：そうなると、5月より電気料金が高くなってしまいそうですね。

(4) [エ] にあてはまる数を書きなさい。また、どのようにその数を求めたのか、説明を書きなさい。ただし、今年6月の緑さんの家のプランはXプランとします。

緑さん：電気料金のプランは、Ｘプラン以外にはないのでしょうか。

父　親：一日の中で、１kWh あたりの電気料金が高い時間帯と安い時間帯が設定できるＹプランというものもありますよ。Ｙプランの電気料金の計算の仕方は次のようになっています。

> Ｙプラン
> （１か月の電気料金）＝（基本料金）＋（Ａ料金）＋（Ｂ料金）
> ・基本料金はＸプランと同じ 2000 円。
> ・Ａ料金は、一日の中で連続した９時間の時間を設定し、その時間の電気使用量に対する料金である。１kWh あたり 50 円の料金がかかる。
> ・Ｂ料金は、Ａ料金で設定した時間以外の電気使用量に対する料金である。１kWh あたり 20 円の料金がかかる。

父　親：電力会社のホームページでは、生活習慣に合わせてＡ料金とＢ料金の時間を設定できるように、前月の時間帯別電気使用量の割合を確認することができます。**図３**は、家の今年５月の時間帯別電気使用量の割合を表したものですね。

緑さん：この場合、Ｙプランを利用して、Ａ料金の時間帯を［オ］時から［カ］時に設定すれば、１か月の電気料金を最も安くすることができましたね。

図３

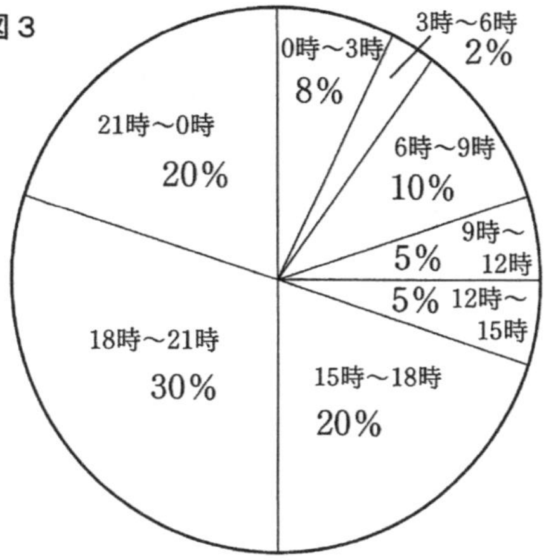

今年５月の電気使用量 500kWh の時間帯別電気使用量の割合

(5) **図３**の場合、ＹプランでＡ料金の時間帯を９時から 18 時に設定すると、１か月の電気料金がいくらになるか求めなさい。また、どのようにその料金を求めたのか、説明を書きなさい。
ただし、「Ａ料金」、「Ｂ料金」という言葉を用いること。

(6)［オ］、［カ］にあてはまる数を［　］の中からそれぞれ選び、書きなさい。

0	3	6	9	12	15	18	21

【問3】緑《みどり》さんと学《まなぶ》さんは、身近な地域《ちいき》の課題について資料を集め話し合っています。
各問いに答えなさい。

学さん：先日、善光寺《ぜんこうじ》に行きたくて、長野駅から市立長野高校の生徒がデザインした、ぐるりん号というバス（**写真**）に乗りました。子どもの運賃《うんちん》は100円でした。安いなと思いました。

緑さん：最近は、ガソリン代も高くなっているのにそんなに安くて大丈夫でしょうか。

学さん：それに乗客は私だけだったので、これから ア<u>バス路線がなくなり、困る人が出てくるのではないか</u>と思いました。今後、人口が減っていく中で、長野市全体のバスや鉄道などの公共交通はどうなっていくのでしょうか。

緑さん：長野市ではないですが、小谷村《おたりむら》と新潟県糸魚川市《いといがわし》を結ぶＪＲ大糸線（電車）は、乗客が大きく減ってしまい、存続《そんぞく》するか廃止《はいし》するかの協議をしているというニュースを見ました。イ<u>路線を続けるか、続けないか、ひとごとではないですね。</u>

学さん：この前読んだ本に、地球環境《かんきょう》のためには二酸化炭素を減らすことが必要だと書いてありました。公共交通を利用することは二酸化炭素を減らすことにもつながるそうです。ウ<u>私たちの次の世代のことも考えた持続可能な社会を自分たちでつくっていくことが大切になっていきます</u>ね。

写真

(1) 学さんは、移動手段として公共交通を利用している人がどのくらいいるのかを調べました（次ページ**資料１**）。そのうち、バスと鉄道を利用した移動回数が約何回になるかを計算した場合の答えとして正しいものを下の**あ〜え**から１つ選び、記号を書きなさい。

［ **あ** 58100回　**い** 16600回　**う** 581000回　**え** 41500回 ］

(2) 学さんは、会話文中の下線部**ア**に関わって、次ページ以降《いこう》の**資料**を探しました。バスや鉄道の本数が減ったり、なくなったりしたら、影響《えいきょう》する人の割合が一番高い年代は何歳《さい》〜何歳の人たちですか。そのように考えた理由のもとになる資料を１つ選び、解答用紙の年代の□に数字を入れなさい。また、なぜその年代の人たちは、バスや鉄道の利用が多いのか、予想を書きなさい。

(3) 会話文中の下線部**イ**、**ウ**に関わって、長野市におけるバスや鉄道の今後について、**資料**をさらに集めました。バス路線について、続けた方がよいと思う理由と、続けない方がよいと思う理由の両方をそれぞれ**資料１**から**資料６**の中で１つずつ選び、その**資料**に基づいて書きなさい。ただし、続けた方がよい、続けない方がよいで同じ**資料**を用いないこととする。

(4) 上の(3)であなたが解答した「理由」に関わって、「バス路線を続けた方がよいか、続けない方がよいか」の話し合いに参加をしたとします。２つの立場の意見が対立し、話し合いが進まず止まってしまったとき、あなたなら持続可能な社会に向けてどのようなアイデアを提案しますか。具体的に書きなさい。

資料１　代表的移動手段の割合《わりあい》

（長野市地域公共交通計画　令和４年９月　より作成）

※市民 367,324 人が一日に移動する回数は約 830,000 回（調査統計をもとに計算した）

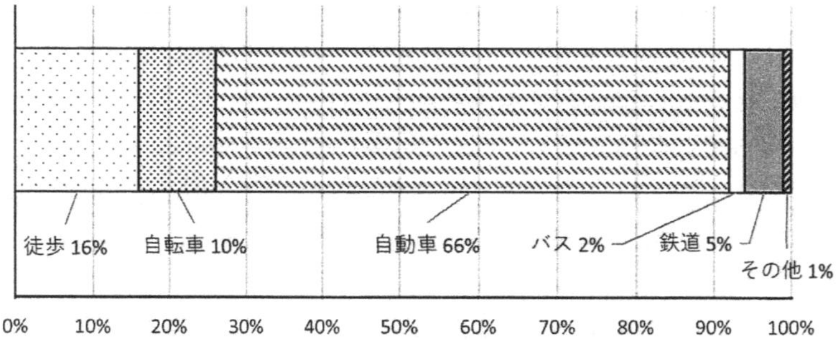

資料２　年代別代表的移動手段の割合（長野市地域公共交通計画　令和４年９月　より作成）

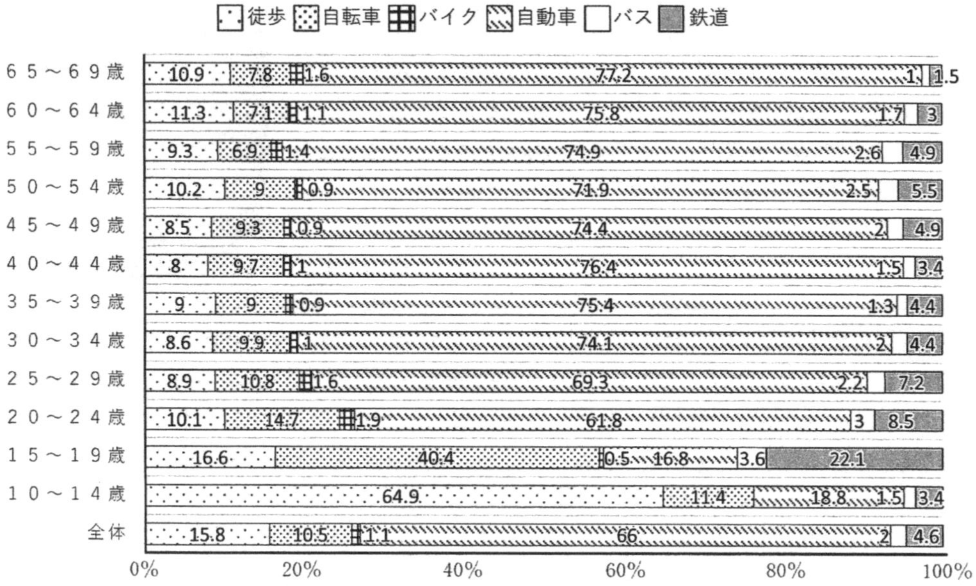

資料３　市内の鉄道駅の一日あたりの乗車人数の移りかわり

（長野市地域公共交通計画　令和４年９月　より作成）

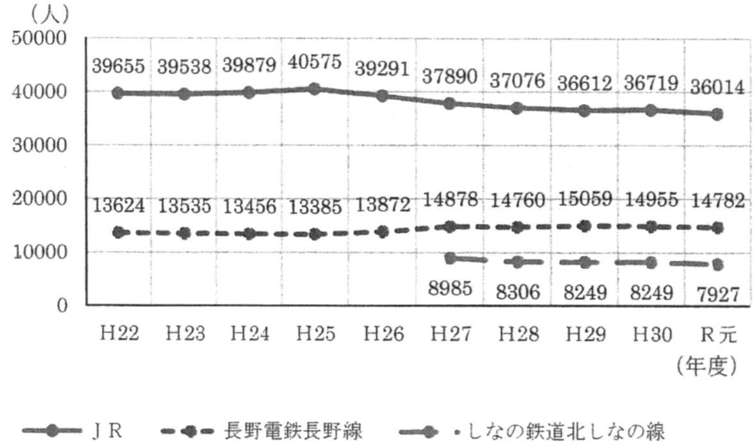

資料４　路線バスの利用者数の移りかわり

（長野市地域公共交通計画　令和４年９月　より作成）

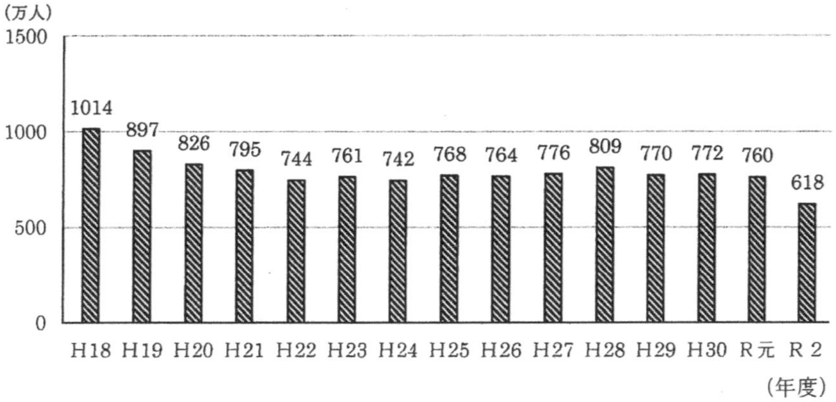

資料５　市が関わるバス等の運行に必要な費用の移りかわり

（長野市地域公共交通計画　令和４年９月　より作成）

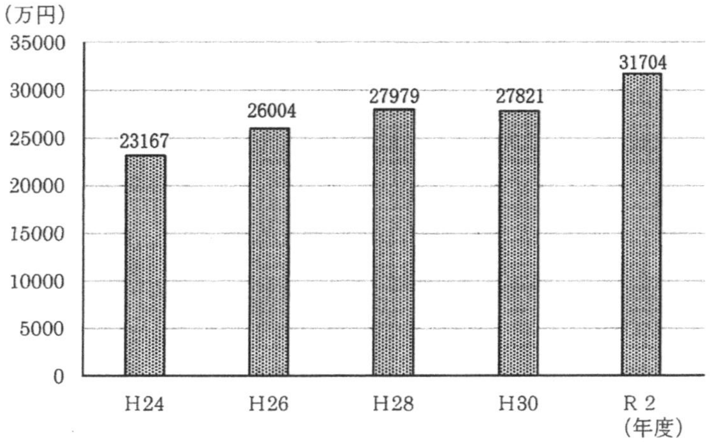

資料６　乗客１人が１ｋｍ移動するときの二酸化炭素の排出《はいしゅつ》量

（国土交通省環境政策《せいさく》課「輸送量当たりの二酸化炭素の排出量」　2019 年度　より作成）

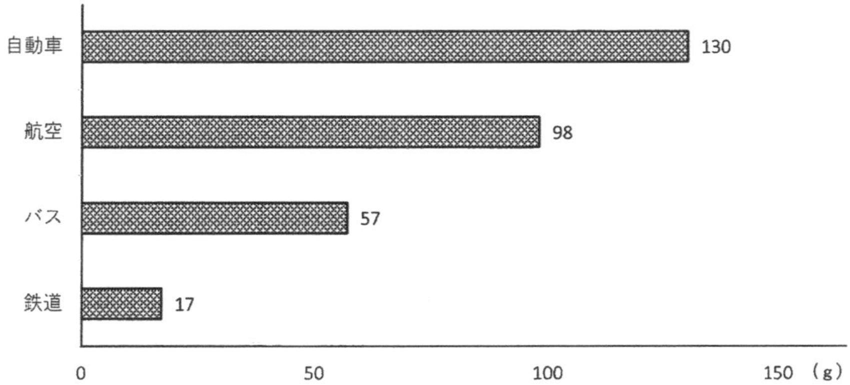

2024(R6) 長野市立長野中
K 教英出版

令和5年度

長野市立長野中学校入学者選抜

適性検査（時間50分）

【注意事項《じこう》】

1　「始め」の合図があるまで、中を開いてはいけません。

2　検査問題は、**【問1】**から**【問4】**まであり、問題冊子《さっし》の4～11ページに印刷されています。

3　問題冊子とは別に、2枚《まい》の解答用紙があります。2枚の解答用紙に、受検番号と氏名をまちがいのないように書きなさい。

4　解答は、すべて解答用紙の解答らんに書きなさい。なお、解答用紙の※印のあるところには、何も書いてはいけません。

5　問題冊子のあいているところは、メモに使ってもかまいません。

6　検査が始まってから、印刷がはっきりしないところや、ページが足りないところがあれば、静かに手をあげなさい。

7　答えを直すときは、きれいに消してから、新しい答えを書きなさい。

8　まわりの人と話をしたり、用具の貸し借りをしたりしてはいけません。

9　解答は、指定された字数や条件にしたがって書きなさい。

また、句読点（、。）やかぎかっこ（「　」）も1字に数えます。

このページに問題はありません。

計算やメモに使ってもかまいませんが、解答は解答用紙に書くこと。

このページに問題はありません。
計算やメモに使ってもかまいませんが、解答は解答用紙に書くこと。

【問１】　９月のある晴れた休日に学《まなぶ》さん、豊《ゆたか》さん、花《はな》さん、泉《いずみ》さんの４人が校庭に集まって遊んでいました。各問いに答えなさい。

４人が遊んでいる途中で、学さんが転んでしまいました。

学さん：痛い…。
花さん：学さん、大丈夫ですか？
学さん：先に手をついたから、ケガはなさそうです。心配しないでください。
　手をついて分かったのだけど、校庭の表面ってこんなに温かいんですね。
豊さん：こっちは冷たく感じますよ。日かげだからでしょうか？
泉さん：時間によって日なたと日かげの場所って、変わってきますよね。そのときの地面の温度は、どうなっているのでしょうか。明日、温度計をもってきて調べてみましょう。

４人は日なたと日かげの温度に興味をもち、**a** 地面の温度を測定することにしました。**図１**は４人が遊んだ校庭の様子です。

図１

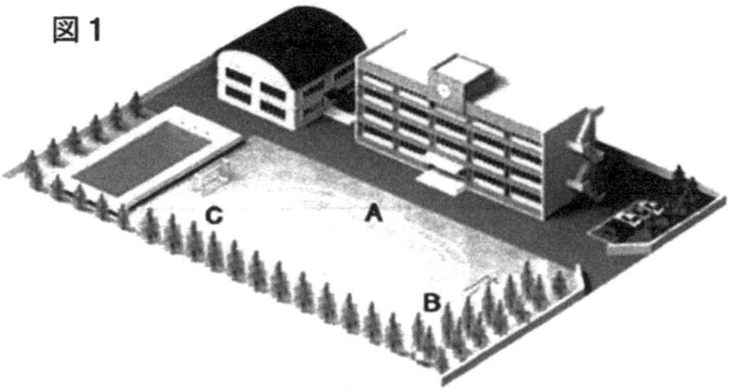

実験１「日なたと日かげの温度の変化」を調べる。
方法：①**図１**のようにどこも同じように土でおおわれている**Ａ～Ｃ**の地点の地面の温度を棒《ぼう》温度計で測定する。
②午前 10 時と 12 時（正午）の２回温度を測定する。測定するときは直射《ちょくしゃ》日光が当たらないようにする。
③温度計で測定した数値を表に記録する。

４人は 10 時の測定を終えると、12 時（正午）の測定までの間、かげふみ遊びをしました。さらに、４人はその日の夕方（４時頃）も学校の校庭に集まり、再びかげふみ遊びをしました。

花さん：午前中にかげふみをしたときより、オニがよく変わるようになった気がしますね。
泉さん：確かに、午前中より夕方の方が、かげをふみやすかったよ。

４人は、かげがふみやすくなった理由を考え、仮説を立てましたが、どのように確かめればよいのか困《こま》り、学校で理科の先生に相談しました。

実験２「どうして夕方の方が、かげがふみやすいのか」を調べる。
仮説：オニがかげをふみやすくなったのは、午前（10 時～12 時）と夕方（４時ごろ）で、太陽の高さが変わり、にげている人たちのかげが長くなったからではないか。

豊さん：かげがふみやすくなったのは、夕方の方が、かげが長いからだと考えたのですが、どうやって実験すればよいでしょうか。
先生：理科室で電球を太陽に見立てて、仮説を調べてみてはどうかな。

４人は先生のアドバイスをもとに **b** 実験計画を立てることにしました。

（1）**下線部 a** について、棒《ぼう》温度計の目もりを読むときの目の高さとして正しいのは次のどれですか。下の**ア～ウ**から１つ選び、記号で書きなさい。

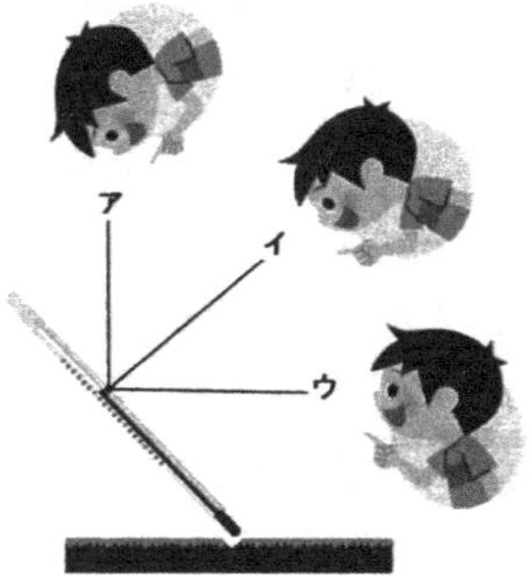

（2）**実験１**の結果を表に記録しました。結果として最も適切な測定結果を次の**ア～エ**から１つ選び、記号で書きなさい。ただし、測定した日の天気は雲がなく、快晴だったとする。

場所 時間	A　ずっと日なた 10時　　12時	B　ずっと日かげ 10時　　12時	C　日なた→日かげ 10時　　12時
ア	36℃ → 40℃	30℃ → 32℃	36℃ → 35℃
イ	36℃ → 32℃	30℃ → 30℃	36℃ → 41℃
ウ	36℃ → 36℃	30℃ → 30℃	36℃ → 35℃
エ	36℃ → 40℃	30℃ → 32℃	36℃ → 41℃

（3）12時（正午）になり、２度目の測定を行ったとき、校舎のかげは、**図２**のようでした。
この時、「北」はどの方角だと考えられますか。右の**ア～エ**から１つ選び、記号で書きなさい。

図２

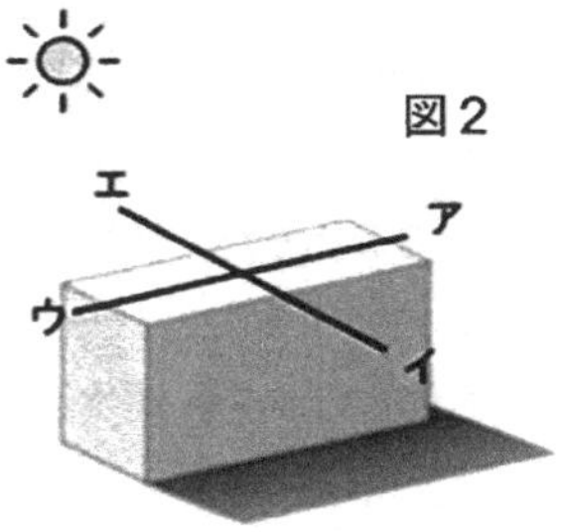

（4）**下線部 b** について、**仮説**を調べるために、４人はどのような実験を行う必要がありますか。下の**実験道具**の中から使用する道具を選び、変える条件とそろえる条件をはっきりさせ、実験方法を図や言葉を使って書きなさい。

実験道具

電球＊必ず使う

子どものマネキン（140cm のもの）、大人のマネキン（175cm のもの）

えん筆、時計、ゴミぶくろ、ふみ台、メジャー、脚立《きゃたつ》、リンゴ、タオル、磁石《じしゃく》

ストップウォッチ、バレーボール、画用紙、方位磁針《じしん》、ロープ

【問２】緑《みどり》さんと学《まなぶ》さんの会話文を読んで、各問いに答えなさい。

会話文Ⅰ

緑さん：「ワールドフェスタIN《いん》長野」というイベントを知っている？
学さん：知っているよ。長野市で開催《かいさい》されている、世界の国の文化を知ったり、体験できたりする楽しいイベントだよね。
緑さん：そうだね。色々な外国の人たちにも会えてよかったな。
学さん：a 長野市にはどのくらいの外国人が住んでいるんだろう。

ワールドフェスタIN《いん》長野 2021

長野市ホームページより引用

緑さんと学さんは、**会話文Ⅰ**中の**下線部 a** のような問いをもち、**資料１**と**資料２**を探《さが》しました。

資料１　長野市に住む外国人の人数

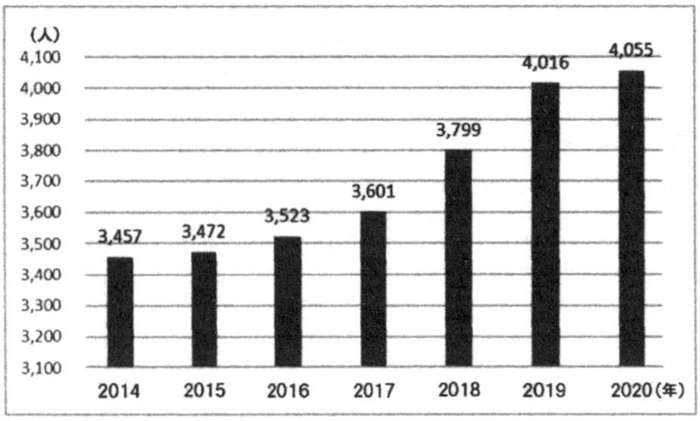

資料２　長野市に住む外国人の国別人数（2021 年）

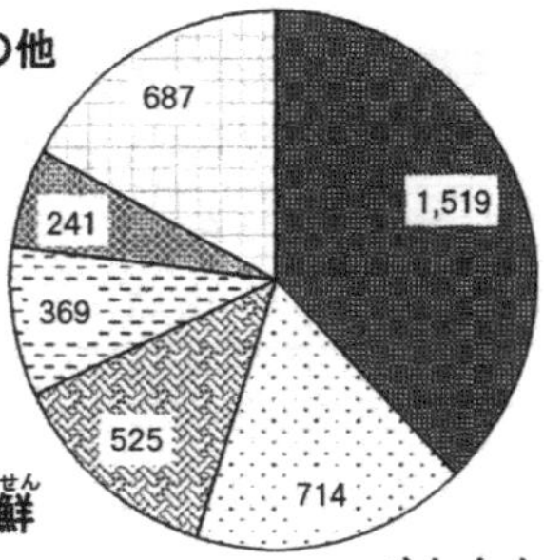

会話文Ⅱ

緑さん：　長野市にはたくさんの外国人が住んでいて、増えている傾向《けいこう》にあるね。2020 年の長野市の人口は約 370,000 人のようなので、長野市に住む約［　X　］人に１人が外国人ということがいえるね。また、円グラフを見ると、2021 年の長野市に住む外国人全体の約［　Y　］割が中国人だということが分かるね。
学さん：　長野市はワールドフェスタの他にも外国、特に中国とはどのような交流を行っているのかな。
緑さん：　長野市が中国の石家荘《せっかそう》市と友好都市となり、交流しているって聞いたことがあるな。
学さん：　b石家荘《せっかそう》市とは、どのようにして交流事業が始まったんだろう。

（１）**会話文Ⅱ**中の X と Y に当てはまる数字を、**資料１**と**資料２**をもとに、下の**ア**～**カ**から１つずつ記号を選んで書きなさい。

〔　**ア**　2　　**イ**　4　　**ウ**　6　　**エ**　9　　**オ**　90　　**カ**　900　〕

会話文Ⅱ中の**下線部 b** のような問いをもった学さんは、長野市役所の観光振興課《かんこうしんこうか》の方にインタビューを行い、**資料３**のお話を聞きました。

資料３　市役所の方のお話

日中平和友好条約（1978 年）をきっかけとして、日中友好親善《しんぜん》のムードが高まり、中国との友好都市になる動きが盛《も》り上がりました。検討《けんとう》の結果、地形的、c 気候的に似ており、農業、特に果樹栽培《かじゅさいばい》の盛《さか》んな石家荘《せっかそう》市を選びました。1980 年に長野市が正式に申し入れを行い、長野市と石家荘《せっかそう》市は友好都市となりました。

資料１：長野県ホームページ「外国人住民統計」（各年 12 月末現在）より作成　　資料２：長野市ホームページ「国籍別外国人数」（１月現在）より作成
資料３：長野市ホームページより作成

令和5年度
長野市立長野中学校入学者選抜
作文　（時間　50分）

【注意事項《じこう》】

1　「始め」の合図があるまで、中を開いてはいけません。

2　作文の問題は、問題冊子《さっし》の2～4ページに印刷されています。

3　問題冊子とは別に、2枚の解答用紙があります。2枚の解答用紙に、氏名と受検番号をまちがいのないように書きなさい。

4　解答は、すべて解答用紙の解答らんに書きなさい。なお、解答用紙の※印のあるところには、何も書いてはいけません。

5　問題冊子のあいているところは、メモに使ってもかまいません。

6　検査が始まってから、印刷がはっきりしないところや、ページが足りないところがあれば、静かに手をあげなさい。

7　答えを直すときは、きれいに消してから、新しい答えを書きなさい。

8　まわりの人と話をしたり、用具の貸し借りをしたりしてはいけません。

9　解答は、指定された字数や条件にしたがって書きなさい。また、句読点（、。）やかぎかっこ（「」）も1字に数えます。

【問一】次の各問いに答えなさい。

（一） あなたは新しいクラスの友達に「自分のよさ」を知ってもらうために、自己《じこ》紹介《しょうかい》シートを作ることになりました。例を参考に、あなたのよさやあなたらしさを漢字一字で表現して、空欄《くうらん》を埋《う》めなさい。ただし、八つの漢字はすべてちがう漢字にすること。

例

長	東	運
学	私《わたし》	友
言	家	山

（二） （一）で書いた八つの漢字の中から、特に自分のよさだと思う漢字を二つ選び、なぜその漢字を選んだのかを、新しい友達に興味をもってもらえるように書きなさい。

【問2】 (1)X．５点 Y．４点 (2)８点 (3)８点

(1)	X		Y	
(2)				
(3)	目的			
	交流活動			

※問2計

【問4】 (1) 2点×2　(2)①5点　②6点　(3) 10点

(1)	間違い	→	正しい	間違い	→	正しい

(2)	①	
	②	10 20 30
(3)	提示する資料	どちらかに○を付けなさい。 学さん　・　豊さん
	理由	

※問4計

）特に自分のよさだと思う漢字と、その漢字を選んだ理由

字		
説明		

※
※
※
※問1 (2)計

10点

(二) 十年後の未来でどのように役立ったり活躍《かつやく》したりしていきたいか

200

180

作－②

作文　解答用紙

氏名	
受検番号	

【問二】（一）あなたが想像する十年後の未来

A

※	※
※	※
※	※
※問２（1）計	※問２（2）計
10点	25点

作－①

作文　解答用紙

氏名	
受検番号	

得　点
※

※50点満点

【問一】（一）あなたの自己《じこ》紹介《しょうかい》シート

	私《わたし》	

※問1 (1)計

５点

適－②　　解答用紙

氏名	
受検番号	

得　点
※

【問3】 ⑴２点×３　⑵２点×３　⑶７点　⑷６点

(1)	①		②		③	
(2)	①		②		③	
(3)	【木の高さの求め方】					
(4)	（３人の説明に共通しているはかり方）					

※問3計

適－①　　**解答用紙**

氏名	
受検番号	

得　点
※

※100点満点

【問1】 (1) 3 点　(2) 6 点　(3) 6 点　(4) 10 点

(1)	
(2)	
(3)	

(4)

変える条件	
そろえる条件	

【実験方法】

【解答

【問二】入学後、間もなくしての学年集会で、先生とあなたたち生徒が話しています。

Ａ先生：今日は、みなさんと未来について考えたいと思います。今日は学習担当《たんとう》のＢ先生から、これから皆《みな》さんに大切にしてほしいことを話していただきます。
　Ｂ先生、お願いします。

Ｂ先生：十年後の皆《みな》さんは社会に出て、働いている人もいると思います。十年後の未来を想像したことはありますか。

緑《みどり》さん：この前、レストランに行ったら、ロボットが食事を運んでいることに、とても驚《おどろ》きました。きっとこれからＡＩが搭載《とうさい》されたロボット技術が進歩して、今まで人間がしていた仕事をしていくのではないでしょうか。

Ｂ先生：ＡＩは人工知能のことですね。十年後の未来では、今ある職業のいくつかは人間ではなくＡＩがおこなうようになると言われていますね。

学《まなぶ》さん：僕《ぼく》は、十年後は、もっと自然を大切にした未来になっていくと思います。最近では、多くのお店でプラスチックストローの使用をやめて、自然に優《やさ》しい、紙ストローを使い始めていることをニュースで見ました。

Ｂ先生：緑さんも学さんも、生活の中で感じたことからそのように考えたのですね。あなたも生活の中で感じたことから、未来を想像したことはありますか。

あなた：［　Ａ　］

緑さん：そういう未来も想像できますね。

Ｂ先生：先日、クラスのみんなに自己《じこ》紹介《しょうかい》するためのシートを作りましたよね。みなさん、自分のよさをたくさん書いていました。

緑さん：私《わたし》は「科」という漢字を書きました。十年後は、大好きな科学をもっと勉強して、自分で社会に役立つロボットを開発したいです。

学さん：僕は、自然が大好きです。十年後は、自然の魅力《みりょく》や大切さをもっとみんなに知ってもらうために、環境《かんきょう》に優《やさ》しいキャンプ施設《しせつ》を運営したいと思っています。

Ｂ先生：みんなそれぞれ十年後の未来を想像したうえで、自分のよさをどう生かすかを考え始めていますね。ここで、一人一人の考えをまとめるために、作文を書いてみましょう。

（一）　緑さんや学さんのように、生活の中で感じたことから、どのような十年後の未来を想像しますか。あなたの考えを空欄《くうらん》Ａに書きなさい。

（二）　（一）であなたが想像した未来をさらに具体的に説明しながら、あなたのよさやあなたらしさを生かし、十年後の未来でどのように役立ったり、活躍《かつやく》したりしていきたいか書きなさい。字数は、百八十字以上、二百字以内で書くこと。

（2）学さんは、**資料３**中の**下線部ｃ**について確認《かくにん》するために、長野市と石家荘《せっかそう》市に加えて、長野市と姉妹都市であるアメリカのクリアウォーターの「気温と降《こう》水量のグラフ」（**資料４**）を集めました。クリアウォーターと比較《ひかく》して、長野市と石家荘《せっかそう》市の気候が似ていると読み取れる内容を、気温に注目し、２つ簡単に書きなさい。

資料４　気温と降《こう》水量のグラフ

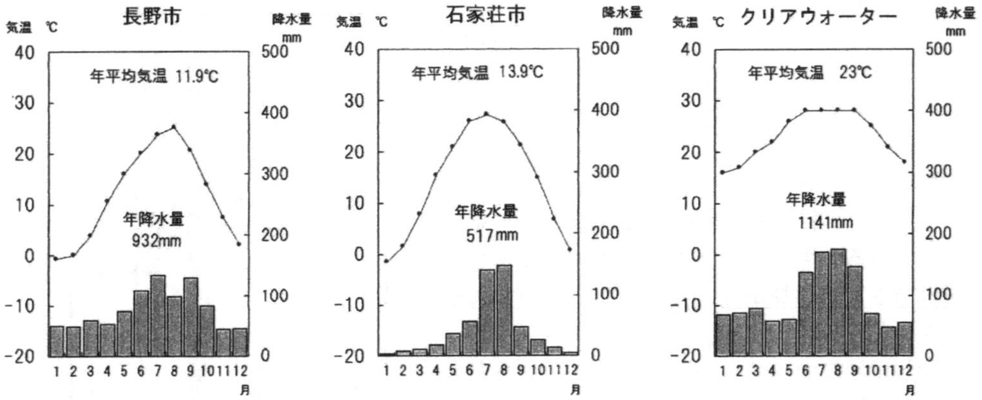

長野市のグラフ
わたくしたちの郷土(令和４年度)より作成

石家荘市のグラフ
中国気象局より作成

クリアウォーターのグラフ
Weather Spark より作成

会話文Ⅲ

学さん：市役所の方のお話から、長野市と石家荘《せっかそう》市は共通点があることが分かったよ。
緑さん：どのような交流が行われてきたのか詳《くわ》しく知りたくなって、交流のようすを年表にまとめたよ。
学さん：お互《たが》いの国への訪問《ほうもん》を繰《く》り返してきたんだね。
緑さん：私《わたし》は長野市が行っているｄ交流事業や国際交流イベントに参加して、これからも石家荘《せっかそう》市や外国のことを深く知っていきたいな。

交流事業（一部）に関わる年表

年	できごと
1981	長野市が石家荘《せっかそう》市と友好都市になる
1985	石家荘《せっかそう》市よりレッサーパンダが贈《おく》られる 長野市よりチンパンジーを贈《おく》る
2018	石家荘《せっかそう》市中学生が日本にホームステイ※ 日中友好都市中学生卓球《たっきゅう》交流大会
2019	石家荘《せっかそう》市へ中学生をふくむ視察団《しさつだん》が派遣《はけん》される※
2021	友好都市40周年記念 オンライン会議での交流事業

※お互いの国へのホームステイや視察は数年に一度行われている。

交流事業(一部)に関する年表：「日中友好のあゆみ」より作成
石家荘市から長野市を訪れたＡさんのお話：「日中友好のあゆみ」より作成
長野市から石家荘市を訪れたＢさんのお話：長野市ホームページより作成

交流事業に参加した中学生のＡさんとＢさんのお話

石家荘《せっかそう》市から長野市を訪れたＡさんのお話

観光　長野市で有名な善《ぜん》光寺や戸隠《とがくし》神社、色鮮《あざ》やかな紅葉《こうよう》の景色を見ました。

食　ホームステイ先ではおいしいりんご、「ふじ」を食べました。

長野市から石家荘《せっかそう》市を訪れたＢさんのお話

交通　電動バイクが広く普及《ふきゅう》していて、バイク専《せん》用と自動車専《せん》用の道路が分けられていました。

教育　中国の学校は、授業時間が長いことが特徴《とくちょう》です。また、夕食を終えてからの自習時間もありました。

（3）**会話文Ⅲ**中の**下線部ｄ**に関わって、あなたが、石家荘《せっかそう》市の中学生との交流事業に参加するとします。どのような目的で、どのような交流活動を行いたいか、「**交流事業（一部）に関わる年表**」や「**交流事業に参加した中学生のＡさんとＢさんのお話**」を参考に、具体的に書きなさい。

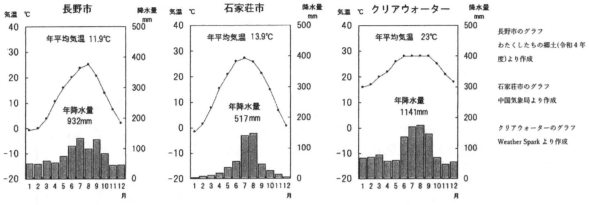

【問3】 緑《みどり》さんは、学《まなぶ》さん、豊《ゆたか》さんとクラスで善光寺に出かけたときに見学した「回向柱《えこうばしら》」について話をしています。各問いに答えなさい。ただし、3人の会話や説明、求め方はそれぞれ正しいものとする。

緑さん：回向柱は、とても高かったですね。高さは何メートルぐらいなのでしょうか。
学さん：ものさしなどで実際にはかるのは難《むずか》しそうでしたね。
豊さん：ここに緑さんと回向柱を一緒《しょ》にとった写真【図1】があります。
学さん：写真ではかると、緑さんの身長は1.5cm、回向柱の高さは10cmでした。
緑さん：実際の私《わたし》の身長は150cmです。
豊さん：この写真が、緑さんと回向柱を真正面から見ている図であるとすると、**ア**<u>写真ではかった長さと実際の緑さんの身長から、実際の回向柱のおよその高さを求めることができます。</u>
緑さん：私たちの学校の中庭にある大きな木の高さも求められそうですね。
学さん：**イ**<u>写真を使う以外の方法</u>も考えたいです。

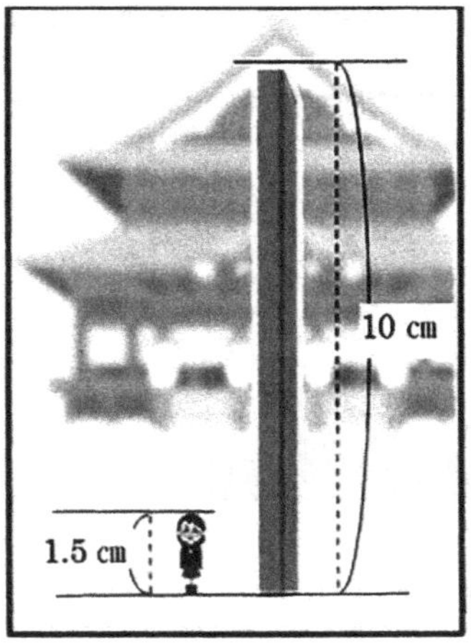

【図1】

会話文中の**下線部ア**について、豊さんは次のように回向柱の高さの求め方を説明しました。

【豊さんの説明】
写真ではかった身長は1.5cmで、実際の緑さんの身長は150cmだから、写真は［①］の縮《しゅく》図であるといえます。だから、実際の回向柱の高さは、10cmを［②］倍すれば求められます。計算をすると、回向柱のおよその高さは［③］mと求められました。
回向柱の高さは直接はかれないので、写真の緑さんの身長と実際の緑さんの身長の割《わり》合を写真の縮尺《しゅくしゃく》としてはかっています。

(1) **【豊さんの説明】**の①に当てはまる縮尺、②、③に当てはまる数をそれぞれ書きなさい。

会話文中の**下線部イ**について、緑さんは次の方法で、学校の中庭にある木の高さの求め方を考えました。

【緑さんの方法】
私は木のてっぺんを45°で見上げることができる位置を探し、木の高さを求めようと考えました。
【図2】は私が木のてっぺんを見上げたときのようすを表したものです。木と私は地面に対して垂《すい》直に立っているとします。
木のてっぺんを点A、木の根元を点B、私の目の位置を点C、私の足元を点Dとして、実際の辺CD、辺DBの長さをそれぞれはかったら、1.4m、10.6mでした。点Cを通り、辺DBと平行な直線と辺ABとの交点を点Eとすると、角Cの大きさは45°でした。
このことから、木のおよその高さを求めることができます。

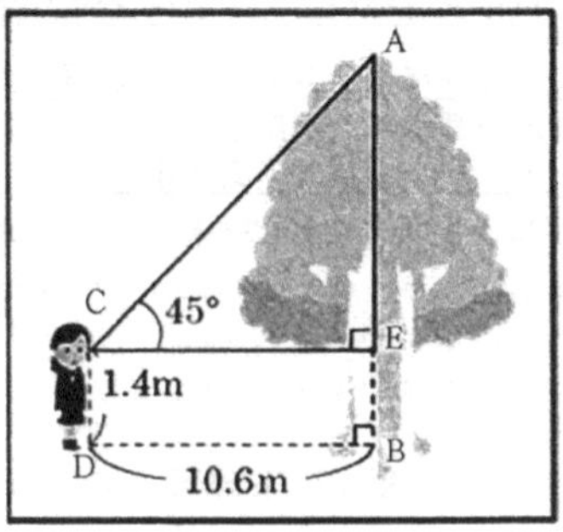

【図2】

緑さんは**【緑さんの方法】**を使って、次のように木の高さの求め方を説明しました。

【緑さんの説明】

三角形 CEA で、角 A の大きさは［①］°で、三角形 CEA の縮図をかいて調べたところ、三角形 CEA は二等辺三角形であることが分かりました。だから、辺 CE と辺［②］の長さは等しいです。次に、四角形 CDBE は長方形だから、辺 CD と辺 EB、辺 CE と辺 DB の長さはそれぞれ等しいです。また、辺 AB の長さは、辺［②］と辺 EB の長さをたした長さです。

したがって、木の高さは［③］m と求められます。

辺 AB の長さは直接はかれないので、辺 AB を辺［②］と辺 EB に分け、それぞれの長さを他の長さとしてはかっています。

(2)　**【緑さんの説明】**の①、③に当てはまる数、②に当てはまる辺をそれぞれ書きなさい。

学さんは次の方法で、学校の中庭にある木の高さの求め方を考えました。

【学さんの方法】

私は木のかげの長さを使って、木の高さを求めようと考えました。

【図３】のように、木の近くに 1.5m の棒《ぼう》をまっすぐ立てて、棒のかげの長さをはかったら２m で、木のかげの長さをはかったら 16m でした。

このことから、木のおよその高さを求めることができます。

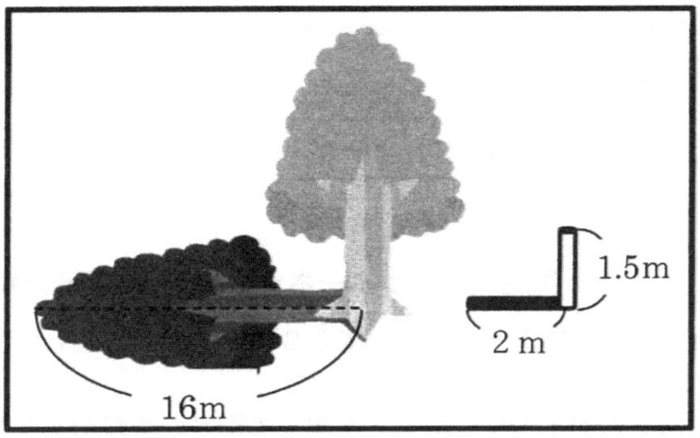

【図３】

学さんは**【学さんの方法】**を使って、次のように木の高さの求め方を説明しました。

【学さんの説明】

木のかげの長さと木の高さ、棒のかげの長さと棒の長さの比は等しいから、木の高さを x m として、**ウ**図や等しい比、比の値を使って考え、木の高さを求めることができます。

【木の高さの求め方】

木の高さは直接はかれないので、棒のかげの長さと棒の長さの比を木のかげの長さと木の高さの比としてはかっています。

(3)　あなたは、**【学さんの説明】**の**下線部ウ**の図や等しい比、比の値を使って、どのように木の高さを求めますか。**【木の高さの求め方】**を解答らんに書きなさい。図や等しい比、比の値のすべてを使わなくてもかまいません。**【木の高さの求め方】**の解答らんには、図や式、言葉を自由に使ってよいです。ただし、求めた木の高さを書いておくこと。

(4)　**【豊さんの説明】**、**【緑さんの説明】**、**【学さんの説明】**の３人の説明に共通しているはかり方はどのようなはかり方か、書きなさい。

【問４】緑《みどり》さんの小学校では、児童会活動としてペットボトルの回収《かいしゅう》を行っています。ペットボトルのリサイクルについて全校児童に関心をもってもらうために、全校レクリエーションとして、ペットボトルを使ったレクリエーションを行うことになりました。次の場面は、緑さん、学《まなぶ》さん、豊《ゆたか》さんがレクリエーションの内容について話し合っている場面です。各問いに答えなさい。

【緑さん、学さん、豊さんの会話】

緑さん：インターネットで調べてみると、ペットボトルを使ったレクリエーションはたくさんありますね。このペットボトルフリップというものは面白そうですね。
学さん：ペットボトルを回転させて立たせるゲームですよね。ぼくもやったことがありますが、意外と難《むずか》しいんですよね。
豊さん：結構簡単《かんたん》にできそうな気もしますが、本当に面白いのですか？
学さん：じゃあ、ぼくたちも実際にやってみて、レクリエーションのルールを考えましょう。
緑さん：いいですね。それから、レクリエーションをやって楽しむだけでなく、ペットボトルを回収すると環境《かんきょう》にとってどんな効果があるのかも、この機会に伝えられるといいですね。

（１）次の**【緑さんがインターネットを使って調べた資料のメモ】**の中には、漢字の間違《ちが》いが２か所あります。間違っている漢字を２つぬき出し、正しい漢字に直して書きなさい。

【緑さんがインターネットを使って調べた資料のメモ】

ペットボトルフリップのやり方

①500ml ペットボトル…水を３分の1ほど入れる。

②手でキャップ部分を待ち（図のように）投げる。回転させる。

（底を上にあげるイメージ）

③テーブルの上に着地させる。

ペットボトルがかんきょうにあたえるえいきょう

・すてられたペットボトル→プラスチックごみになる。

・世界の海へ流れ出す量＝500 万トン～1300 万トン（年間）

・リサイクルするよさ

①海へ流れ出るプラごみを減らせる。→ 海の生き物のくらしを守れる。

②発成する温室効果ガスを減らせる。

※分別回収、再生加工すると、ペットボトル1kgにつき、2kg 減

（2）緑さんは、インターネットで調べた資料をもとにして、全校レクリエーションで説明する内容の発表原稿《げんこう》を書きました。

【緑さんが書いた発表原稿《げんこう》】

> 緑さん：これからペットボトルフリップの説明を始めます。ペットボトルフリップとは、水の入ったペットボトルを回転させて、立たせるゲームのことです。今回は、ペットボトルを５回投げて、何回立ったかで点数を競います。
>
> 学さん：ペットボトルを投げる時は、底を上にあげるように投げてください。ペットボトルが立ったら１点、ペットボトルがたおれてしまったり、テーブルから落ちてしまったりした場合は点数が入りません。
>
> 豊さん：もしペットボトルが川にすてられると、プラスチックごみとなって川を下り、ア世界中の海に流れ出ます。ペットボトルのリサイクルは、海の生き物のくらしを守ることにもつながるのです。また、ペットボトルをリサイクルすると、ごみとして処理《しょり》した時と比べて、ペットボトル１kg につき、２kg の温室効果ガスを減らす効果があると言われています。つまり、100 万トンのペットボトルをリサイクルすると、200 万トンもの温室効果ガスを減らすことができるのです。
>
> ［　　　イ　　　］

すると、学さんと豊さんから、次のような意見が出されました。

学さん

「ア世界中の海に流れ出ます」の言葉の中に、どれくらいの量が流れ出ているのか、数字を入れて説明した方がよいと思います。

豊さん

［　イ　］の部分に、ペットボトル回収の呼《よ》びかけを入れたらどうでしょうか。

①学さんの意見を受けて、発表原稿《げんこう》の「ア世界中の海に流れ出ます」の部分を、どのように説明しますか。**【緑さんがインターネットを使って調べた資料のメモ】**の内容を使い、実際に話す言葉で書きなさい。

②豊さんの意見を受けて、［　イ　］の部分に当てはまる言葉を、25 字以上 30 字以内で書きなさい。

（3）緑さんたちは、**【緑さんが書いた発表原稿《げんこう》】**の中の、学さんと豊さんの発表部分で、資料を提示しようと考えています。あなただったら、どのような資料を提示しますか。以下の条件にしたがって書きなさい。

> 【条件１】学さんまたは豊さんのうち、どちらの発表部分で提示するかを選ぶこと。
> 【条件２】実際にどのような資料を提示するのかが分かるように、資料の内容を具体的に書くこと。
> 【条件３】なぜその資料を提示しようと考えたのか、理由を具体的な言葉で書くこと。

令和４年度
長野市立長野中学校入学者選抜
適性検査（時間50分）

【注意事項《じこう》】

1　「始め」の合図があるまで、中を開いてはいけません。

2　検査問題は、【問1】から【問4】まであり、問題冊子《さっし》の4～11ページに印刷されています。

3　問題冊子とは別に、2枚《まい》の解答用紙があります。2枚の解答用紙に、氏名と受検番号をまちがいのないように書きなさい。

4　解答は、すべて解答用紙の解答らんに書きなさい。なお、解答用紙の※印のあるところには、何も書いてはいけません。

5　問題冊子のあいているところは、メモに使ってもかまいません。

6　検査が始まってから、印刷がはっきりしないところや、ページが足りないところがあれば、静かに手をあげなさい。

7　答えを直すときは、きれいに消してから、新しい答えを書きなさい。

8　まわりの人と話をしたり、用具の貸し借りをしたりしてはいけません。

9　解答は、指定された字数や条件に従《したが》って書きなさい。
また、句読点（、。）やかぎかっこ（「　」）も１字に数えます。

このページに問題はありません。

計算やメモに使ってもかまいませんが、解答は解答用紙に書くこと。

このページに問題はありません。

計算やメモに使ってもかまいませんが、解答は解答用紙に書くこと。

【問１】 緑《みどり》さんは、最近、スポーツやアニメで、よく目にする※和柄模様《わがらもよう》に興味を持ち、豊《ゆたか》さんや学《まなぶ》さんと話をしています。各問いに答えなさい。

※和柄模様　日本に古くから伝わる模様で、「図形や線などをある規則で並べた模様」や「自然を表現した模様」などがある。

緑さん：東京オリンピックのエンブレムは、「市松《いちまつ》模様」【図１】という和柄を利用してかかれているそうです。この市松模様は、合同な正方形をしきつめてつくられています。

豊さん：市松模様をよく見ると、ァいろいろな大きさの正方形を見つけることができますね。その中にある、いちばん小さい正方形の数には、規則がありそうです。
学さんは、どのような模様について調べましたか。

学さん：日本のアニメで見た「麻《あさ》の葉《は》模様」【図２】について調べてみました。この模様は、合同な二等辺三角形をしきつめてつくられていることがわかりました。

緑さん：麻の葉模様の中に、【図３】のように合同な二等辺三角形を３つしきつめてつくられた三角形を見つけることができました。

学さん：【図３】の三角形 ABC は正三角形であると言えます。
その理由は、［　イ　］だからです。

豊さん：学さんの説明から、正三角形 ABC の周りに、三角形 ABD と合同な二等辺三角形を３つしきつめてつくられる【図４】の六角形も正六角形であるといえます。

緑さん：私は、【図４】の正六角形が麻の葉模様にしきつめられていることに気づきました。麻の葉模様の中に、正六角形になる線を太くなぞると、【図５】のようになりました。

学さん：ゥ麻の葉模様の中にしきつめられている合同な図形を、他にも見つけることができそうです。

豊さん：ェどのような正多角形なら、しきつめて模様をつくることができるか、考えてみたいです。

【図１】

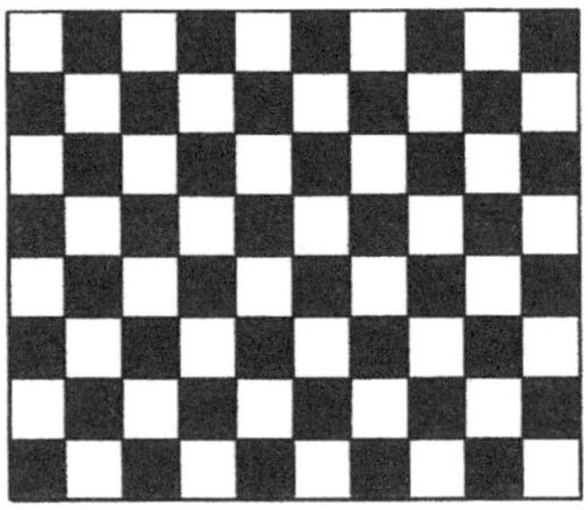

【図２】

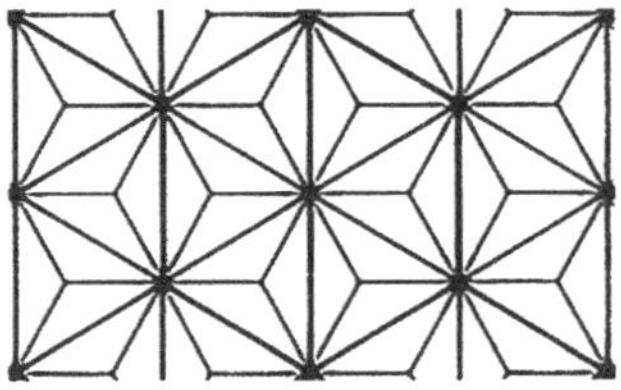

【図３】

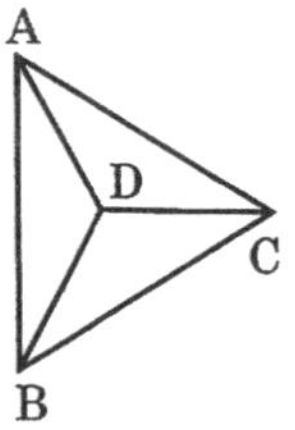

【図４】

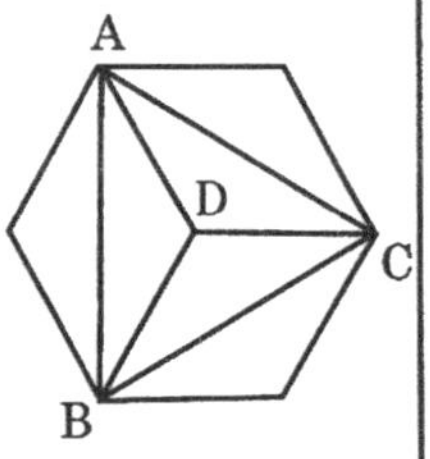

【図５】

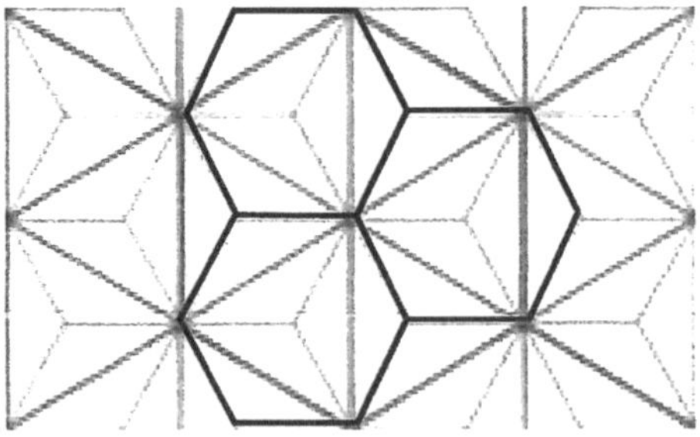

(1)　下線部アについて、豊さんは、次の①～⑤の正方形について調べ、【表】にまとめました。この表を見て、①～⑤の正方形と同じように並べた⑨の正方形について、表のA～Dに当てはまる数を書きなさい。

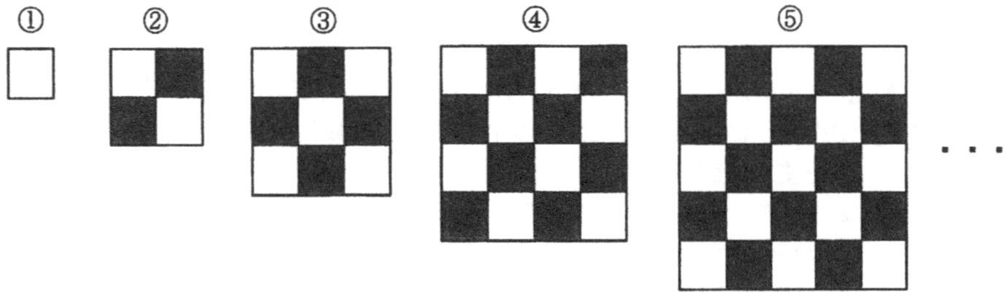

【表】

正方形	①	②	③	④	⑤	…	⑨
たてに並んでいる正方形の数（個）	1	2	3	4	5	…	**A**
いちばん小さい正方形の数（個）	1	4	9	16	25	…	**B**
□の正方形の数（個）	1	2	5	8	13	…	**C**
■の正方形の数（個）	0	2	4	8	12	…	**D**

(2)　会話文中の［　イ　］に当てはまる理由を簡潔《かんけつ》に書きなさい。

(3)　下線部ウについて、麻の葉模様にしきつめられている合同な図形を、二等辺三角形、正三角形、正六角形**以外の図形から**２種類探《さが》し、その図形を【図５】のように３つ以上なぞりなさい。

下線部エについて、豊さんは、正多角形の模型《もけい》を使って調べてみたところ、正三角形と正方形、正六角形は、しきつめることができたものの、正五角形は、しきつめられないことがわかりました。

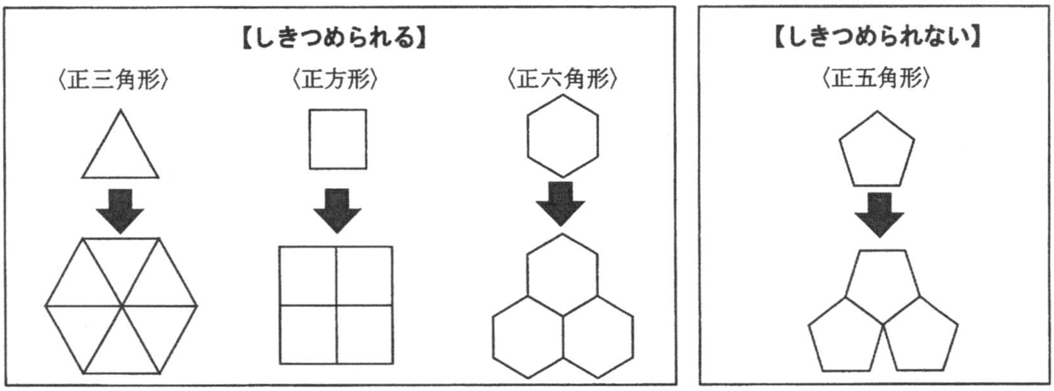

(4)　豊さんは、図形をしきつめられるかどうかは、「しきつめたときに１つの点に集まる角の大きさ」に関係があると考えました。このとき、正三角形と正方形、正六角形がしきつめられる理由と、正五角形がしきつめられない理由を、それぞれの図形の１つの角の大きさを示して説明しなさい。

【問２】　学《まなぶ》さんは、夏休みに家族で花火をしました。風がふいていたので、ろうそくの火が風で消えないように、大きめのジャムの空きびんをかぶせると、火が消えてしまいました。夏休み明けに、学さんは、そのことを豊《ゆたか》さんと緑《みどり》さんに話しました。そして、３人で火が消えた原因を調べるために、理科の先生に協力してもらい実験をしてみることにしました。各問いに答えなさい。

（　実　験　）

【実験の見通し】 火が消えたことは、空きびんの中の気体に関係があるのではないか。

【実験の方法】 ①火をつける前の集気びんの中の酸素と二酸化炭素、ちっ素の割合を気体検知管を使って調べる。
②ろうそくに火をつけてから、集気びんの中に入れて、ふたをする。
③火が消えた後の集気びんの中の酸素と二酸化炭素、ちっ素の割合を気体検知管を使って調べる。

【実験の結果】

火をつける前			火が消えた後		
酸素	二酸化炭素	ちっ素	酸素	二酸化炭素	ちっ素
２１％	０．１％	７８％	１７％	４％	７８％

＊残り約１％は、その他の気体がふくまれているものとする。

学さん：火をつける前と火が消えた後では、酸素と二酸化炭素の割合が変化しているね。
豊さん：ちっ素の割合は変化していないね。
緑さん：燃えたことによって酸素が使われて、二酸化炭素が増えているようだね。
先　生：ろうそくが燃えているようすを、図にして表すと酸素と二酸化炭素の変化がよく分かります。

(1)　火を使う実験を行う際に、やけどや火事などの事故を起こさず、安全に実験するためにしておくとよいことを**１つ**書きなさい。

(2)　先生の話を受けて、３人はろうそくが燃える時のようすを、酸素を●、二酸化炭素を▲として、下の**ア～ウ**の図に表して考えました。実験の結果や会話の内容を参考に、ろうそくが燃える時のようすを表している図として、最もふさわしいものを**１つ**選び、記号で書きなさい。

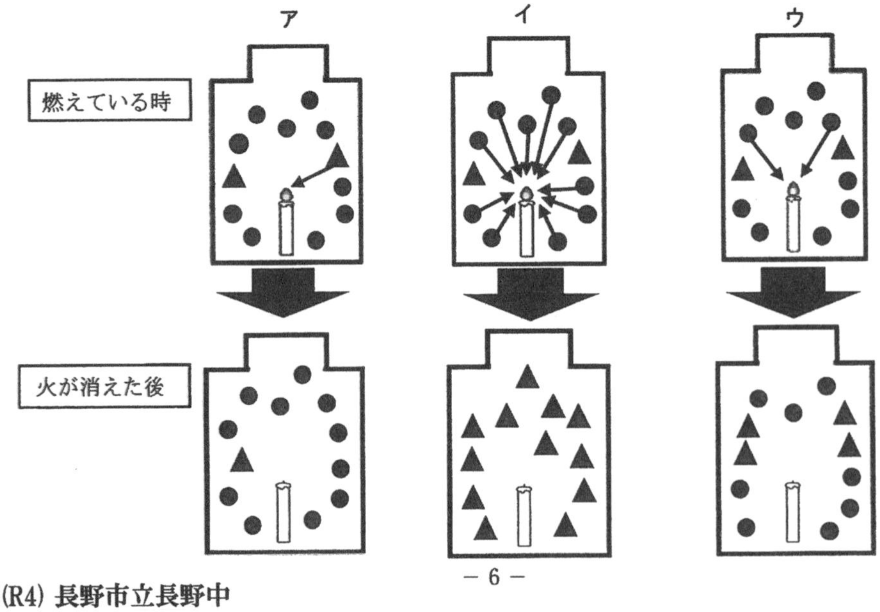

令和４年度

長野市立長野中学校入学者選抜

作文　（時間 50分）

【注意事項《じこう》】

1　「始め」の合図があるまで、中を開いてはいけません。

2　作文の問題は、問題冊子《さっし》の 2～5 ページに印刷されています。

3　問題冊子とは別に、2枚《まい》の解答用紙があります。２枚の解答用紙に、氏名と受検番号をまちがいのないように書きなさい。

4　解答は、すべて解答用紙の解答らんに、**横書きで**書きなさい。なお、解答用紙の※印のあるところには、何も書いてはいけません。

5　問題冊子のあいているところは、メモに使ってもかまいません。

6　検査が始まってから、印刷がはっきりしないところや、ページが足りないところがあれば、静かに手をあげなさい。

7　答えを直すときは、きれいに消してから、新しい答えを書きなさい。

8　まわりの人と話をしたり、用具の貸し借りをしたりしてはいけません。

9　解答は、指定された字数や条件にしたがって書きなさい。

また、句読点（ 、 。 ）やかぎかっこ（ 「　」 ）も１字に数えます。

【問】　あなたの小学校では、児童会活動で新たにSDGs委員会を立ち上げました。そして、委員会の活動内容について、委員会役員の学《まなぶ》さんと緑《みどり》さん、担当《たんとう》の先生が話し合っています。次の資料と会話文を読み、各問いに答えなさい。

【資料】　日本ユニセフ協会のホームページより

SDGsって何だろう？

人類がこの地球で暮《く》らし続けていくために、2030年までに達成すべき目標

（SDGsの図と文章）

お詫び：著作権上の都合により，掲載しておりません。ご不便をおかけし，誠に申し訳ございません。

教英出版

【17の目標】

1. 貧困をなくそう
2. ※1飢餓《きが》をゼロに
3. すべての人に健康と福祉《ふくし》を
4. 質の高い教育をみんなに
5. ※2ジェンダー平等を実現しよう
6. 安全な水とトイレを世界中に
7. エネルギーをみんなに そしてクリーンに
8. 働きがいも経済《けいざい》成長も
9. 産業と技術革新《かくしん》の基盤《きばん》をつくろう
10. 人や国の不平等をなくそう
11. 住み続けられるまちづくりを
12. つくる責任 つかう責任
13. 気候変動に具体的な対策《たいさく》を
14. 海の豊かさを守ろう
15. 陸の豊かさも守ろう
16. 平和と公正をすべての人に
17. パートナーシップで目標を達成しよう

※1飢　餓　　長期間にわたり十分に食べられず、栄養不足となり、生存《せいぞん》と社会的な生活が困難《こんなん》な状態

※2ジェンダー　社会的・文化的に作られた男女の差異《さい》。男らしさ、女らしさといった言葉で表現される。

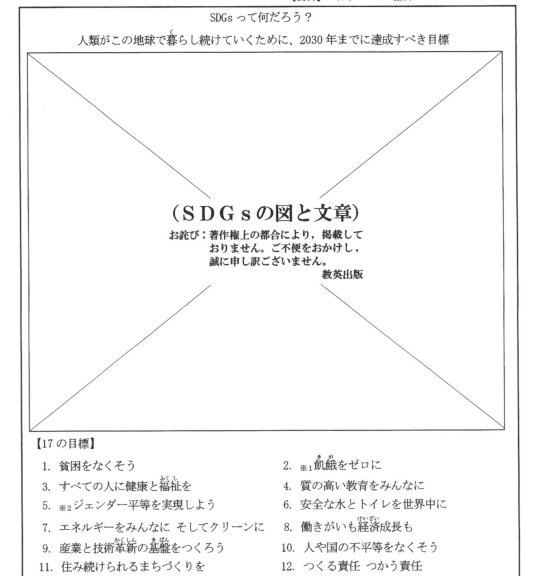

【会話文】

学さん：SDGs の問題は、正直自分にはあまり関係がないことで、国のリーダーなど大人たちが考えていくことだと思っていました。でも、よく考えれば、自分たちが普段《ふだん》何気なくやっていることで、SDG s につながっていることはたくさんあると思います。

緑さん：そうですね。以前私の家では、食材が余ってしまうことがあったので、今は買い物に行く前に、購入《こうにゅう》する食材をメモしてスーパーなどに行くようにしています。

学さん：ぼくの家では、お風呂《ふろ》の残り湯を洗濯《せんたく》する時に使っています。

先　生：いい心がけですね。緑さんの取組みは、目標 12「つくる責任　つかう責任」に、学さんの取組みは、目標 6 の「安全な水とトイレを世界中に」につながっていますね。これまでの生活を振《ふ》り返ってみると、各個人や家庭で、すでに取り組んでいることがたくさんあり、意識することで今後も継続《けいぞく》していこうという気持ちになりますね。

学さん：それなら、児童会活動ではどのようなことができるでしょうか。

緑さん：学校のみんなで活動できれば、大きな成果が期待できると思います。全校でどのようなことに取り組んでいけそうか、まずは SDGs 委員から意見を集めてみましょう。

学さん：それはいい考えですね。ぼくなら、エネルギーを節約する活動に取り組みたいです。例えば、「エネルギー節約月間」というのはどうでしょう。

緑さん：どうしてそのような活動を考えたのですか。

学さん：時々、教室の電気やエアコンの消し忘《わす》れがあって、最近気になっていました。みんなで限られたエネルギーを大切に使うことは、目標 7「エネルギーをみんなに　そしてクリーンに」につながると思います。

緑さん：具体的には、全校でどのようことに取り組めるでしょうか。

学さん：清掃《せいそう》の時間は、できる限り電気を消して清掃をするのはどうでしょう。

緑さん：それは、みんなで取り組めそうです。それから、「できる限り」というところが大切ですね。まずは、みんなで節約の意識をもつことが大事だと思います。

(1)　会話文中の**下線部**について、あなたは SDGs 委員会の委員として、SDG s の達成に向けて、**「あなたの小学校の全校児童で取り組んでいけそうなこと」**を活動の提案書にまとめることになりました。

次のページにある、**「学さんの提案書」**を参考にして、あなたが考える提案書を完成させなさい。

例：学さんの提案書

提案書

1. 活動名

【全校児童に活動の内容が分かるような活動名を考えて書く。】

エネルギー節約月間

2. 活動を考えた理由やきっかけ

【どうしてこの活動を考えたか書く。】

最近、教室の電気やエアコンの消し忘れが目立つから

3. SDG s の番号

【目標番号を 1~17 の中から**１つ選んで**数字を書く。】

7

4. 活動の目的やねらい

【この活動を行うことと、SDGs の目標との関係を考えて書く。】

電気を節約することで、節約した分のエネルギーを、他の必要

な人が使えるようにする。

5. 活動方法

【具体的な方法や内容などを**２つ以上**、簡潔《かんけつ》に書く。】

・ 清掃の時間は、できる限り電気を消して取り組むようにする。

・ ○○○○…

・ △△△△…

※問1計

【問2】 ⑴３点　⑵５点　⑶８点　⑷３点　⑸３点×２

(1)		
(2)		
(3)		
(4)		
(5)	【イ】	【ウ】

※問2計

2022(R4) 長野市立長野中
K 教英出版

【問4】 (1)減った人数 [illegible]

(1)	減った人数	約　　　　　人	人口の割合	約　　　　　%
(2)	ア			
	イ			
	ウ			

	目標	番号	期待される効果
(3)	A		
	B		

※問4計

4. 活動の目的やねらい

5. 活動方法

・

・

・

10点

※

			※（1）計

350

400

※ 40点

※(2)計

作－②

作文　解答用紙

氏名	
受検番号	

(2)　今から、私が考える、「学校全体で取り組むSDGsの活動」について説明します。【続きを**横書き**で書く】

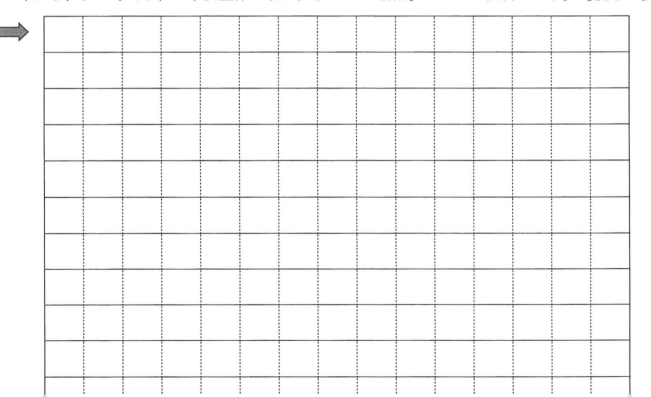

作－①

作文　解答用紙

氏名	
受検番号	

※

得　点

※50点満点

(1)　あなたが考える提案書を完成させなさい。

提案書

1．活動名

2．活動を考えた理由やきっかけ

3．SDGsの番号

【解答用

適－②　　解答用紙

氏名	
受検番号	

得　点
※

【問3】 (1) 5点　(2) 6点　(3) 4点　(4) 10点

(1)

(2)

30

(3)

(4)

120

150

※問3計

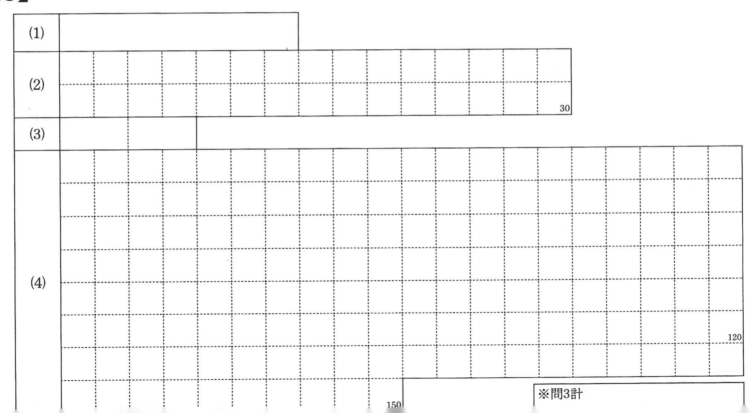

適－①　　解答用紙

氏名	
受検番号	

得　点
※

※100点満点

【問1】 (1)4点　(2)3点　(3)8点　(4)5点×2

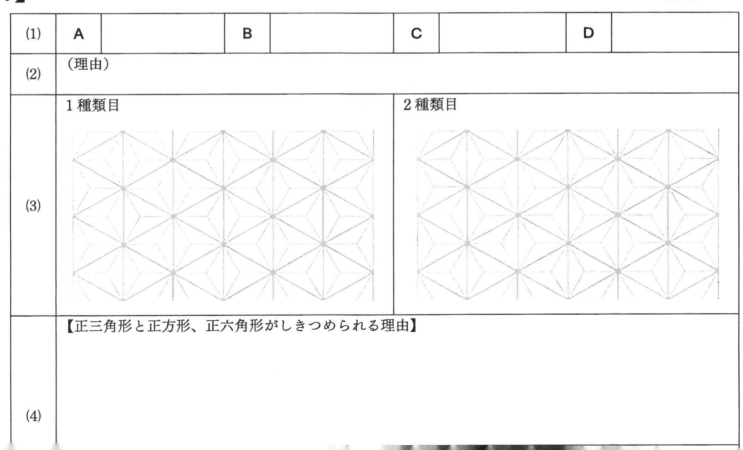

(1)	A		B		C		D	
(2)	（理由）							
(3)	1種類目 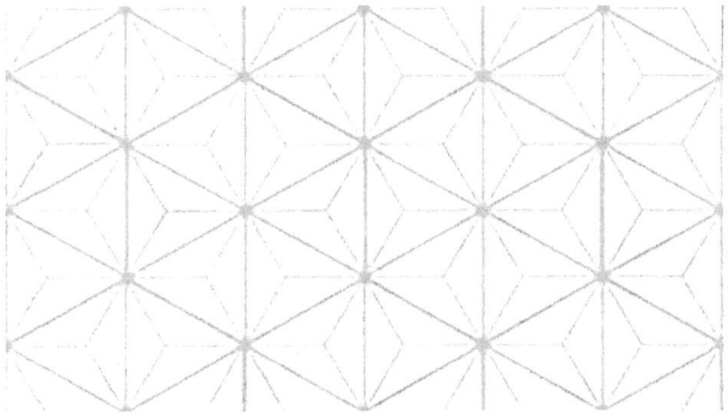				2種類目 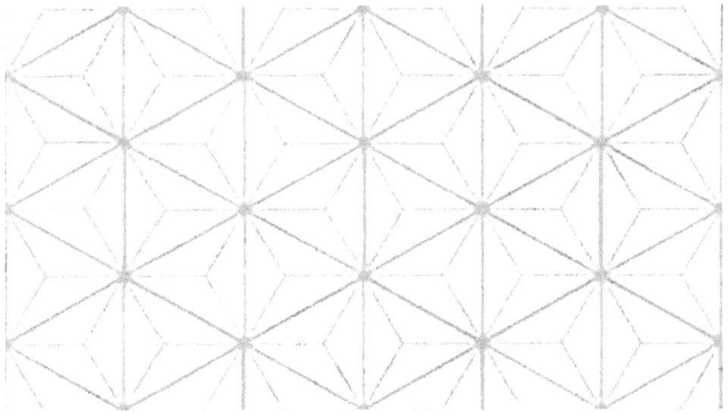			
(4)	【正三角形と正方形、正六角形がしきつめられる理由】							

【解答

(2)　**問**の(1)で考えた企画《きかく》について、あなたが SDGs 委員会の時間に委員に対して説明することになりました。**「委員会のメンバーも、全校で取り組みたいと考えられる」**ように、あなたの考えや企画を実現する方法などについて、次の条件に従《したが》って書きなさい。

【条件】

ア：あなたが委員に対して説明する内容を、下のイラストにある吹《ふ》き出しに続けるようにして書く。

　① あなたが考えた提案書の内容を入れる。

　② あなたの SDG s に対する考えを入れる。

イ：**横書き**で、３５０字以上、４００字以内で書く。

ウ：書き始めや新しい段落《だんらく》にするときの空白になるマス目も１字に数える。

エ：文末は、「です・ます」などのていねいな言葉づかいでそろえる。

下のマス目は、問(2)の**下書き用**です。使っても使わなくてもかまいません。

解答は、解答用紙に書きましょう。

今から、私が考える、「学校全体で取り組むSDGsの活動」について説明します。【続きを**横書き**で書く】

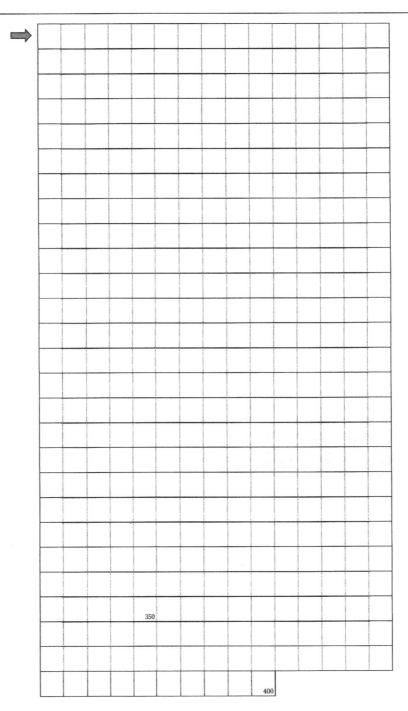

2022(R4) 長野市立長野中
K 教英出版

３人は、**【実験の結果】**をもとに、火が消えた理由について、理科の先生を交えて考えています。

学さん：火をつける前と火が消えた後の酸素の割合を比べると、酸素が21%から17%に減っている。火が消えたのは酸素が少なくなったからだと思う。
緑さん：私は火が消えたのは二酸化炭素が多くなったからだと思う。火をつける前は、0.1%しかなかった二酸化炭素が、火が消えた後には４%に増えているから。
豊さん：ものが燃えるには酸素が必要だから、消えたのは酸素が少なくなったからだと思う。
緑さん：A二酸化炭素は関係ないのかな。
先　生：それなら、酸素と二酸化炭素、ちっ素のボンベを使って、B集気びんに酸素と二酸化炭素、ちっ素を混ぜ合わせた気体を作り、その中でろうそくに火をつけたらどうなるかを調べてみてはどうですか。

(3)　下線部ＡとＢについて、「**二酸化炭素が増えたことによって、ろうそくの火が消えたのではない**」ことを確かめるためには、どのような実験が考えられますか。**【実験の結果】**をふまえて、酸素と二酸化炭素、ちっ素を混ぜ合わせる割合を示して説明しなさい。

３人は、どのようにすれば火が消えない風よけになるかを考えています。

学さん：「火が消えない風よけ」にはどのようなものがあるのかな。
緑さん：空きびんと同じガラスでできている、キャンドルランタン（右写真）のろうそくの火は燃え続けるそうよ。
豊さん：キャンドルランタンを分解して、火が消えないつくりを調べてみよう。
学さん：ガラスは上と下が空いた筒《つつ》のようになっているよ。
緑さん：金属のカバーにはいくつも穴が開いているわ。
先　生：この穴《あな》があるから、ランタンの中の空気が入れかわって、火が消えないのですね。実際に風よけを作ってみましょう。

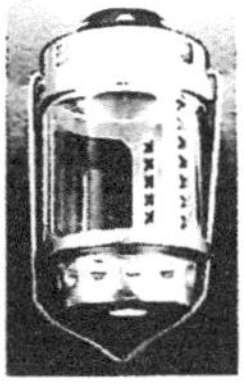

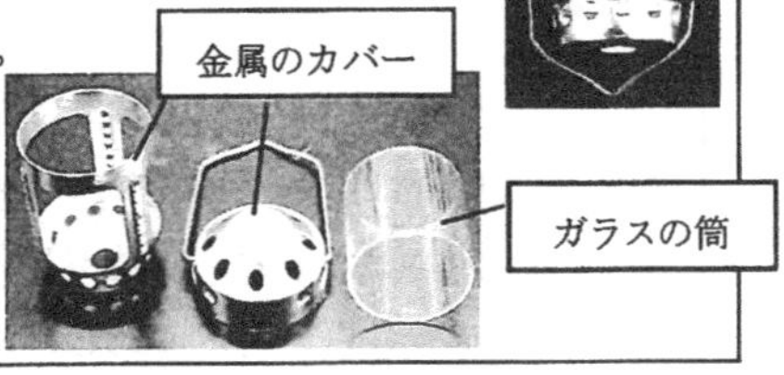

(4)　ランタンのように、空気が入れかわることによって、火が燃え続けるしくみになっている物を**１つ**書きなさい。

３人は、ペットボトルを使い、空気が入れかわるようにオリジナルの風よけを作って、火のついたろうそくにかぶせてみました。

ア	イ	ウ
	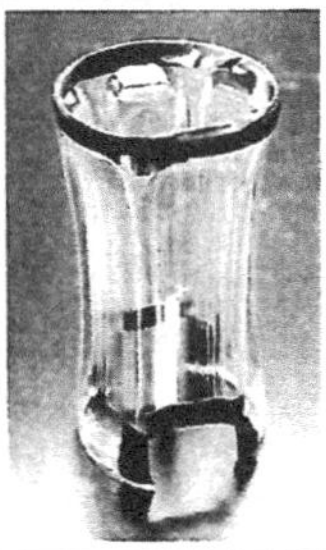	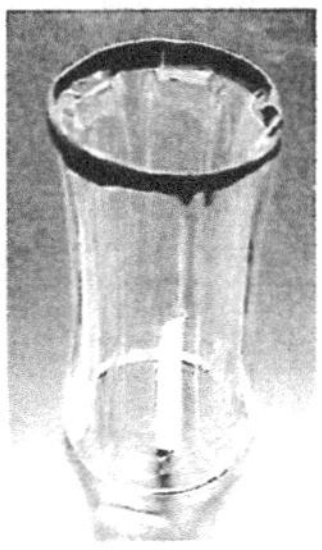
下の部分だけ穴をあけた。	上と下の部分に穴をあけた。	上の部分だけ穴をあけた。

(5)　３人が考えた風よけのうち、**イとウ**は、ろうそくの火が消えずに燃え続けました。**イとウ**が燃え続けた理由を、それぞれの空気の入れかわり方に着目して説明しなさい。

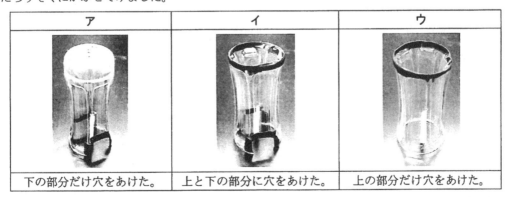

【問３】 緑《みどり》さんの小学校では、地域《ちいき》で暮《く》らす外国の方と文化交流会をしています。今年は、外国の方に日本文化を体験してもらうことにしました。事前に、「興味のある日本文化」についてアンケートをとり、その結果をもとに学《まなぶ》さん、豊《ゆたか》さんと準備をしています。各問いに答えなさい。

アンケートの中で回答が多かった日本文化

着物　和食　神社　寺　城　短歌　俳句《はいく》

伝統工芸品　書道　茶道　礼儀作法《れいぎさほう》　祭り

※地域で暮らす外国の方 20 名を対象に調査した結果

緑さんたちは、アンケート結果から、今回の交流会は「着物」をテーマに、着付けの体験を行うことに決めて、方法や内容を話し合っています。

緑さん：今回の交流会では、浴衣《ゆかた》を使って「着付け」をします。浴衣を着るようすを事前に撮影《さつえい》しておいて、その動画を見ながら外国の方といっしょに浴衣を着ることにしましょう。浴衣の着方は、家庭科の先生が教えてくれます。交流会の内容について、他に意見はありますか。

学さん：「着付け」体験の前に、A<u>着物</u>のことを紹介《しょうかい》するのはどうでしょう。

豊さん：いい案ですね。着物やB<u>着物のよさ</u>を知ってもらい、地域のお祭りやお正月に着てもらえたらうれしいです。

緑さん：では、どのような内容を紹介しますか。

学さん：着物には、どのような種類があるのかを調べて紹介しましょう。

豊さん：それから、どのような機会に着物を着ていくのかを知ってもらいたいです。

緑さん：まずは、それぞれが調べたことを発表ボードにまとめてみましょう。

【学さんと豊さんが参考にしたインターネット記事の一部】

着物は、明治時代に西洋（ヨーロッパやアメリカ）の服装《ふくそう》文化が日本に取り入れられるまで、日常的に着用されていた日本の伝統的衣服です。日中は着物を、寝《ね》るときには浴衣を着ていました。江戸《えど》時代に、お風呂《ふろ》屋を日常的に利用するようになると、湯上りに浴衣を着る習慣が生まれ、外出着としても着用されるようになります。そして、さらっとしていて着やすい浴衣は夏の普段着《ふだんぎ》として定着しました。

現在でも、着物は晴着《はれぎ》と呼《よ》ばれ、結婚式《けっこんしき》やパーティー、子どもの成長の節目をお祝いする場や行事、初詣《はつもうで》、成人式、七五三などで使われています。また、歌舞伎《かぶき》や美術館での鑑《かん》賞《しょう》の際も着物を正式な服装として選ぶ人がいます。

一方、日常的な場面から生まれた浴衣は、正式な場面には着ていけませんが、夏祭りや花火大会、盆《ぼん》おどりなどの場で着られています。

【学さんと豊さんが調べたことをまとめたボード】

テーマ　**着物の種類**	【担当《たんとう》　学さん】
留《とめ》そで	すそに模様《もよう》が入っている。黒留そでと色留そでがある。
振《ふり》そで	そでが長く、結婚していない女性が着る。
訪問着《ほうもんぎ》	一枚の絵のような模様が入っている。
色無地《いろむじ》	黒以外の色でそめられている。
浴衣	生地《きじ》がうすく、夏やお風呂《ふろ》の後に着る。
	他にも、紬《つむぎ》や小紋《こもん》、喪服《もふく》などがある。

振そで と 羽織袴

テーマ　**着物を着ていく機会**	【担当　豊さん】
結婚式	主に親族が着る。女性は留そでや振そで、男性は着物の上に羽織袴《はおりはかま》を着る。
成人式	満 20 才のお祝いとして、成人する女性が振そでを、男性が羽織袴を着る。
C 式	子どもの成長の節目を祝う場や行事で、大人が訪問着や色無地などを着る。
お正月	新年のお祝いとして着る。
夏祭り	浴衣や季節に合わせた着物を着る。
	他にも、お世話になった方を訪問する時やお葬式《そうしき》などでも着物を着る。

(1)　会話文中の下線部Aの説明としてふさわしいものを、学さんと豊さんがまとめたボードの内容や２人が参考にした記事の内容から考えて、すべて選び記号で書きなさい。

ア　振そでは、結婚式や成人式など、正式な場面で着られている。
イ　着物は、祝いごとで着る機会が多く、晴着とも呼ばれている。
ウ　夏であれば、結婚式に浴衣を着て参加してもよい。
エ　江戸時代以後に、浴衣は夏の普段着として着られるようになった。
オ　訪問着は、黒以外の色で染《そ》められている着物である。

(2)　会話文中の下線部Bについて、学さんと豊さんがまとめたボードの内容を参考にして「着物のよさ」を 30 字以内で考えて、横書きで書きなさい。

(3)　豊さんの発表ボードの C に入る言葉を、学さんと豊さんがまとめたボードの内容や２人が参考にした記事の内容から考えて、漢字２字の熟語《じゅくご》で書きなさい。

(4)　アンケートの結果では、「着物」以外の日本文化についても、外国の方が興味をもっていることがわかりました。あなた自身が紹介したい**「日本文化のよさ」**について、以下の条件に従《したが》って書きなさい。

【条件】１　前のページにある「**アンケートの中で回答が多かった日本文化**」の中から、**「着物」以外の１つ**を選び、そのことについて、あなた自身の体験や経験の中で感じた**「日本文化のよさ」**を説明する。
　　　　２　横書きで、120 字以上、150 字以内で書く。

【問４】　放送委員の豊《ゆたか》さんと都《みやこ》さんは、学校紹介《しょうかい》のニュース番組の中で、「学校の歴史」を取り上げることにしました。２人は、図書館にある学校の記念誌《きねんし》で調べていたところ、50年ほど前の全校集会の写真（右下）を見つけました。各問いに答えなさい。

豊さん：昔は児童数がとても多かったんだね。今の学校とはずいぶん違《ちが》う。
都さん：最近、日本全体の人口が減っているというニュースを見たよ。
豊さん：長野市の人口はどうなっているのかな。

長野市立小学校の学校記念誌より

その後、２人はタブレット型端末《たんまつ》を使って、長野市の人口に関係する資料を見つけました。

【資料１】　市の人口の変化と予測

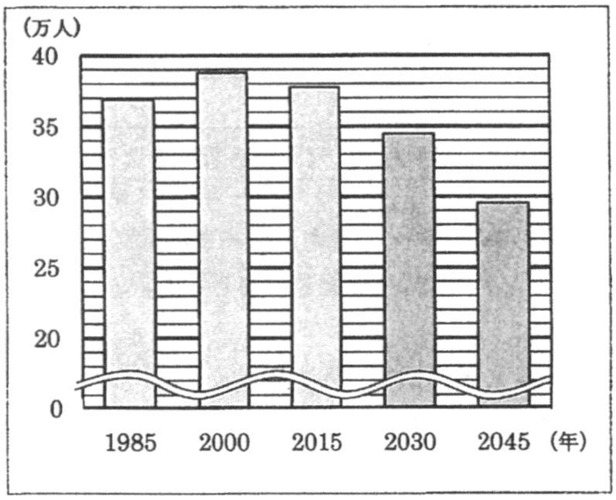

【資料２】　市の年齢《ねんれい》３区分別人口の変化と予測

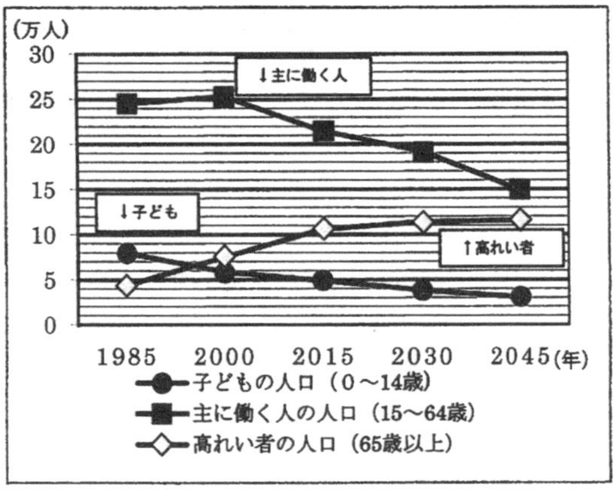

【資料１、2は、『長野市総合計画』より作成】

【資料３】　市の人口減少の主な原因

・生まれる子どもの数が減っている。
・長野新幹線（現在の北陸新幹線）開通や 1998 年の長野オリンピック終了、長野市内の工場の縮小《しゅくしょう》や移動などのため、東京周辺の地域《ちいき》の大学に進学する人や仕事で県外に引っ越《こ》す人が多い。

『長野市人口ビジョン』より

豊さん：【資料１】を見ると、2000 年をさかいにア市全体の人口が減り、その後も減り続ける予測になっているよ。
都さん：【資料２】から、イ子どもと働く世代の人口が減っていることがわかるわ。
豊さん：【資料３】の「人口が減る原因」はいくつかあるけれど、人口減少は、市全体や自分たちの将来にも関係してくると思うから、くわしく調べてみよう。

(1)　下線部アについて、豊さんは長野市の人口減少の様子を数値で表そうと考えました。人口が最も多かった 2000 年を約 388,000 人、2045 年を約 295,000 人とすると、2045 年の人口は、2000 年より約何人減ることになりますか。また、2045 年の人口は、2000 年の人口の約何%になるかを整数で答えなさい。

(2)　下線部**ア**と**イ**について、都さんは、人口減少によって起こる影響《えいきょう》と課題を、下に示した※**ボーン図**を使い、整理しています。**ボーン図**にある例を参考にして、**図**の ア ～ ウ にあなたの考えを書きなさい。

その際、下の□の中の言葉を１つの枠《わく》につき１つ以上使って書きなさい。ただし、一度使った言葉は、他の枠の中で使ってはいけません。

市の税金　工場　買い物　会社　スポーツ　店　生産　売上げ　学校　祭り

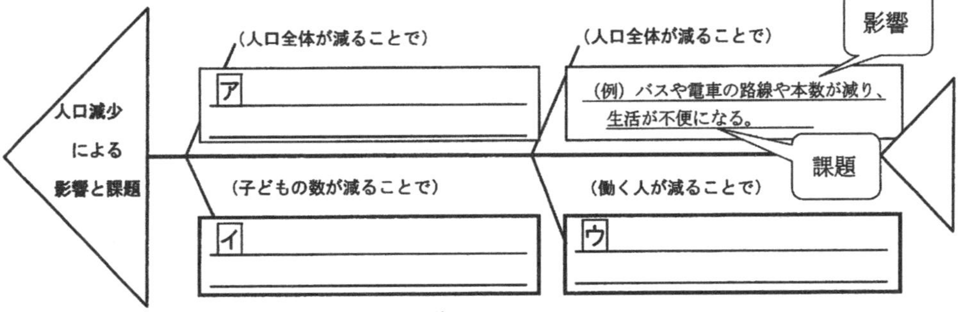

※ボーン図　魚の頭にテーマ、骨《ほね》の部分に具体例などを書いて内容を説明する時に使う。

人口減少による影響と課題について考えた豊さんと都さんは、**【資料３】**の「市の人口減少の主な原因」から、市が取り組んでいる人口減少対策《たいさく》を調べて、**【ノート】**にまとめました。

【ノート】　**市が取り組んでいる人口減少対策**　『長野市まち・ひと・しごと創《そう》生総合戦略』より

長野市人口ビジョン

【長野市の目指す将来《しょうらい》の姿《すがた》】

２０６０年に

人口３０万人を確保

「ひと」と「しごと」がうまくまわり、「まち」が元気になり、人口減少を止める総合的な対策が必要になってくる。

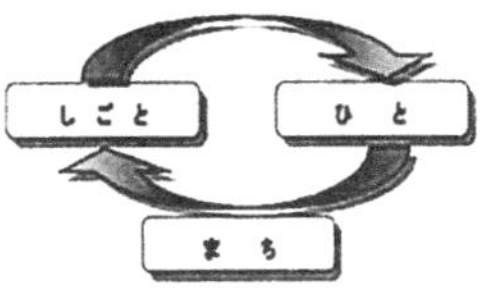

目標Ａ「しごとの場所と機会をうみだす」

【具体的な取組み例】

① 長野市に会社やお店を新しくつくる人を支援《しえん》する。

② 長野市の企業《きぎょう》のよさや様々な仕事に関する情報をホームページで発信する。

③ 農業研修センターで農業の技術を学べるようにする。

目標Ｂ「少子化対策・子育て支援《しえん》」

【具体的な取組み例】

① 出産から子育てまでに関するさまざまな情報をインターネット上で公開する。

② 病院で支払《はら》う医りょう費を 500 円で済《す》むようにする。

③ 家庭で育児ができない場合の、一時預《いちじあず》かりや休日保育を充実《じゅうじつ》させる。

調べたことを説明し合った後、２人は以下の会話をしています。

都さん：2060 年に 30 万人の人口を確保するために、市ではいろいろな取組みをしているね。
豊さん：ウ目標ＡやＢにある取組みを進めれば、本当に人口確保につながるのかな…。

(3)　下線部**ウ**について、**【ノート】**にまとめた市の具体的な取組みを行うことで、人口の確保にどのような効果が期待できると考えられますか。**目標Ａ**と**目標Ｂ**の**【具体的な取組み例】**①～③から**１つずつ**選んで番号を書き、それぞれの期待される効果について書きなさい。

令和３年度

長野市立長野中学校

適性検査（時間50分）

【注意事項《じこう》】

1　「始め」の合図があるまで、中を開いてはいけません。

2　検査問題は、【問1】から【問4】まであり、問題冊子《さっし》の2〜11ページに印刷されています。

3　問題冊子とは別に、2枚《まい》の解答用紙があります。#2枚の解答用紙に、受検番号と氏名をまちがいのないように書きなさい。

4　解答は、すべて解答用紙の解答らんに書きなさい。なお、解答用紙の※印のあるところには、何も書いてはいけません。

5　問題冊子のあいているところは、メモに使ってもかまいません。

6　検査が始まってから、印刷がはっきりしないところや、ページが足りないところがあれば、静かに手をあげなさい。

7　答えを直すときは、きれいに消してから、新しい答えを書きなさい。

8　まわりの人と話をしたり、用具の貸し借りをしたりしてはいけません。

9　解答は、指定された字数や条件に従《したが》って書きなさい。
また、句読点（、。）やかぎかっこ（「　」）も１字に数えます。

#教英出版 編集部　注
編集の都合上、解答用紙は表裏一枚にまとめてあります。

【あおいさんからのアドバイス（俳句の見直しポイント）】

ア　言葉の順序を変えてみる。

イ　書き表す文字を漢字、平仮名《がな》、片仮名《かな》に変えてみる。

ウ　音を表す言葉を入れてみる。

エ　よみ手（作り手）の気持ちを直接表す言葉を省いてみる。

オ　たとえを使って言い表してみる。

【新たに作ったホームページの内容】

（B）

花しょうぶむらさき帽《ぼう》でお出むかえ

休みの日、祖父の家に行くことになりました。祖父の家に続く畑の道を歩いていると、大きなむらさき色の花が、たくさん並んでさいていました。きれいだなと思い、図かんで調べてみると、それは「花しょうぶ」という花でした。

ア　海に出て木枯《こが》らし帰るところなし　　山口誓子《せいし》

イ　梅一輪一輪ほどの暖かさ　　服部嵐雪《はっとりらんせつ》

ウ　を《（お）》りとりてはらりとおもきすすきかな　　飯田蛇笏《いいだだこつ》

エ　夕涼《すず》み線香花火の匂《にお》ひ《（い）》かな　　正岡子規《まさおかしき》

（4）　左の写真から一枚を選び、あなたの体験をもとにして俳句を作りなさい。その際、【あおいさんからのアドバイス】を参考にすること。
　また、作った俳句について「あなたの体験」と「どのように表現のくふうをしたか」を一〇〇字以上一二〇字以内で説明しなさい。

【桜】

【雪だるま】

【問１】　写真クラブに所属している緑《みどり》さんたちは、自分で撮影《さつえい》した写真に説明をつけて、学校のホームページで紹介《しょうかい》しています。緑さんは、国語の授業で俳句《はいく》の学習をして、十七音にそのときのようすやよみ手（作り手）の思いが表れることに興味をもち、写真に俳句をそえることを考えています。各問いに答えなさい。

【緑さんが考えたホームページの案】

（Ａ）
きれいだな並んでさいた花しょうぶ

休みの日、祖父の家に行くことになりました。祖父の家に続く畑の道を歩いていると、大きなむらさき色の花が、たくさん並んでさいていました。きれいだなと思い、図かんで調べてみると、それは「花しょうぶ」という花でした。

【写真クラブの緑さん、学《まなぶ》さん、豊《ゆたか》さんの会話】

緑さん　私は、「花しょうぶ」の写真から、俳句（Ａ）を作りました。このように、みんなの写真にも俳句をつけてホームページで紹介したら、写真をとった時のようすや気持ちがよく伝わると思うのだけれど、どう思いますか？

学さん　いい考えだと思います。ただ、うまく俳句が作れるかな。

豊さん　ぼくも、いい考えだと思います。緑さんの俳句（Ａ）は、写真の説明とあまり変わらないように思うので、少し直してみたらどうですか。

緑さん　もっとようすや気持ちが伝わるように作り直してみたいと思います。近所に、俳句会の講師をしているあおいさんという知り合いの方がいるので、アドバイスしてもらいます。

（１）　緑さんが、（Ｂ）の俳句に作り直す時に用いた見直しポイントを【あおいさんからのアドバイス】の**ア**～**オ**からすべて選び、記号で書きなさい。

（２）　会話文中の〜〜線部について、（Ｂ）の俳句に作り直すことにより、緑さんが伝えようとしたこととしてふさわしい内容を**ア**～**エ**から二つ選び、記号で書きなさい。

ア　「むらさき帽」という言葉で、強い日差しの下で元気なくさいている花のようすを表している。

イ　「むらさき帽」という言葉で、堂々とあざやかにさいている花のようすを表している。

ウ　「お出むかえ」という言葉で、たくさんの花に出むかえられているような気持ちになったことを表している。

エ　「お出むかえ」という言葉で、花をみながら祖父の出むかえを待とうとする気持ちを表している。

（３）　俳句を作るときには、季節感を表すために「季語」を使います。次の**ア**～**エ**の俳句を、春から季節の流れの順になるように並びかえ、記号で書きなさい。

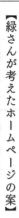

【問2】 緑《みどり》さんの小学校は、１クラス35人の学級で、毎月、クラス対こうの学年レクレーションを行っています。今月は、緑さんのいる１組がレクレーションの内容を決める順番です。緑さんは、次のようなルールで行う「10秒チャレンジ大会」の内容について、学《まなぶ》さん、豊《ゆたか》さんと話し合っています。各問いに答えなさい。

【10秒チャレンジ大会のルール】

① ストップウォッチの表示を見ないで、10秒だと思ったところでストップウォッチを止める。

② 各クラス全員が１回ずつ測る。

③ 全員の記録の平均値が10秒に一番近いクラスを優勝《ゆうしょう》とする。

緑さん：大会のルールについて、どこか分かりにくいところはありますか。

学さん：③の「10秒に一番近い」というところが分かりにくいです。例えば、記録が「10.5秒」と「9.5秒」なら、どちらが10秒に近くなるのですか。

豊さん：どちらも10秒との差が0.5秒なので、同じになるのではないでしょうか。

緑さん：その通りです。

学さん：では、「10.3秒」と「9.［ア］秒」も差が同じということですね。

豊さん：ルールが分かったところで、試しに１組の35人全員でやってみませんか。

緑さん：平均値で比べたいので、記録を２回取りましょう。

緑さん：それぞれの（イ）平均値を求めた結果が、右の**【表1】**です。
１回目と２回目の平均値が同じになりました。

【表1】

回	平均値
１回目	10.2秒
２回目	10.2秒

学さん：２回目の方が10秒に近い記録の人が多かったと感じましたが、平均値が同じということは、記録のちらばりのようすも同じということでしょうか。

豊さん：ちらばりのようすを見やすくするために、算数の授業で学習したヒストグラムに整理してみましょう。

【１回目】

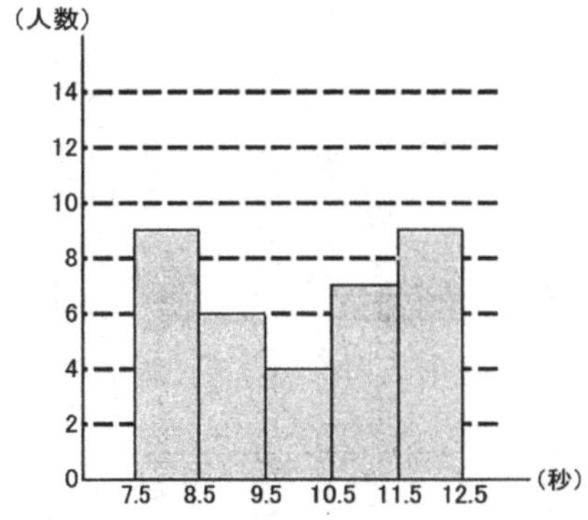

【２回目】

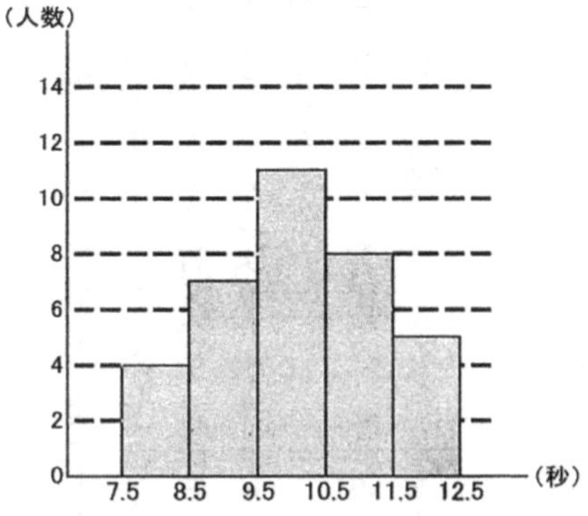

緑さん：１回目と２回目では、記録のちらばりのようすがちがいますね。

豊さん：１回目のヒストグラムを見ると、ウ9.5秒以上10.5秒未満の記録を出した人は４人で、全体の人数の約11％です。エ２回目のヒストグラムを見ると、［（豊さんの説明）］。そうすると、大会の目的から考えて、２回目の方がよい記録であるといえると思います。

学さん：では、平均値が同じ場合は、9.5秒以上10.5秒未満の記録を出した人の数が多いクラスの優勝としましょう。

(1) 文中の［ア］にあてはまる数字を書きなさい。

(2) 下線部**イ**の平均値の求め方について、下の［　　］に適切な言葉を書き入れて、説明を完成させなさい。

全員の記録をたして、［　　　　　　］。

(3) 下線部**ウ**は、１回目のヒストグラムから、全体の人数をもとにしたときの9.5秒以上10.5秒未満の記録を出した人の割合について、豊さんが正しく説明したものです。これを参考にして、下線部**エ**に続く［（豊さんの説明）］に適切な言葉を書き入れなさい。ただし、割合を百分率で表すときは、四捨五入《ししゃごにゅう》して整数で表しなさい。

次のページにも問題があります。

次の月の学年レクレーションについて、２組から次のようなルールで「紙飛行機飛ばし大会」を行う提案がありました。

【紙飛行機飛ばし大会のルール】

① 紙飛行機はＡ４サイズのコピー用紙１枚で作る。
② 場所は、風のえいきょうを受けない体育館で行う。
③ 決められた位置から、自分で作った紙飛行機を１人１回ずつ飛ばし、前に飛ばしたきょりを測る。
④ クラスの中で一番長い記録をそのクラスの記録として競う。

緑さんたちは、遠くまで飛ぶ紙飛行機を調べるために、自分で考えた型の紙飛行機を１人１つずつ作って飛ばし、きょりを測りました。右のヒストグラムは、35人の記録を整理したものです。

緑さんたちは、このヒストグラムを見て、次のように作戦を考えています。

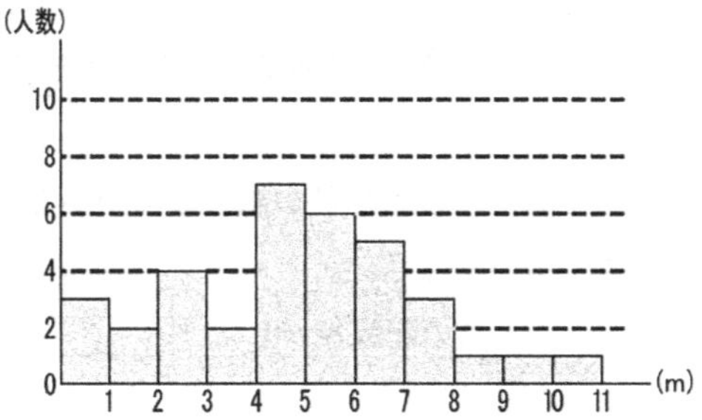

【緑さんたちが考えた1組の作戦】

① 遠くまで飛ぶ紙飛行機を3つ選び、**A型**、**B型**、**C型**とする。
② 全員が3つの型で紙飛行機を作り、1人1回ずつ3つの紙飛行機を飛ばし、きょりを測る。
③ 記録をヒストグラムに整理する。
④ ヒストグラムをもとに、「**一番遠くまで飛ぶ紙飛行機を決める**」ための意見交かんをする。

記録を整理したヒストグラム

【A型】

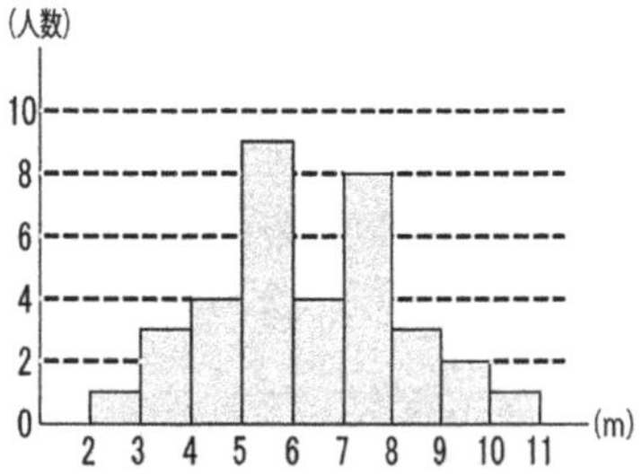

【B型】

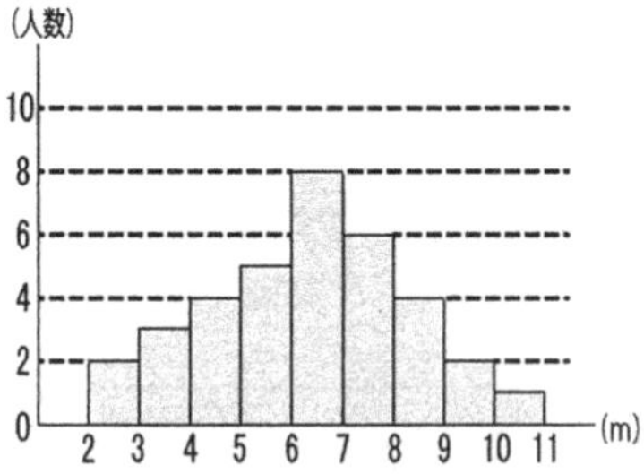

【C型】

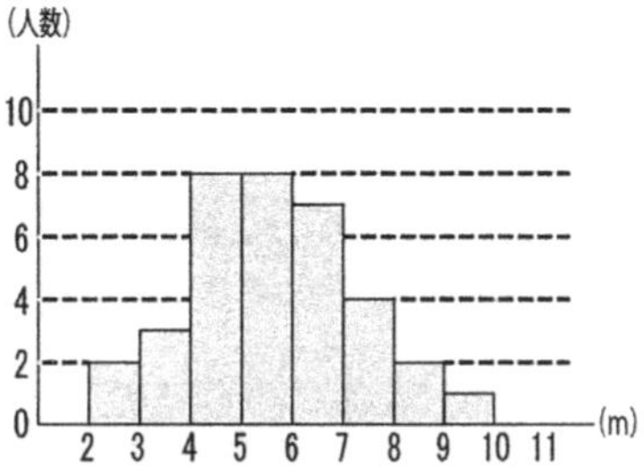

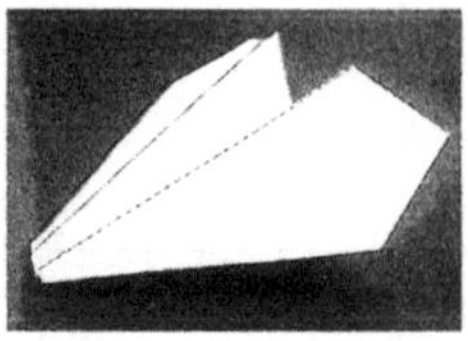

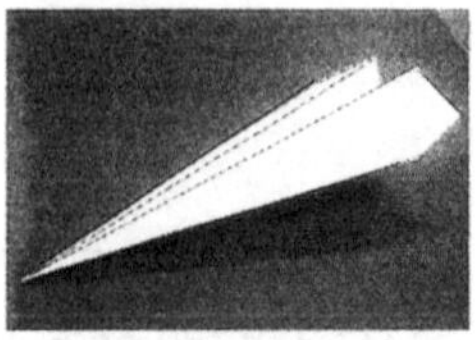

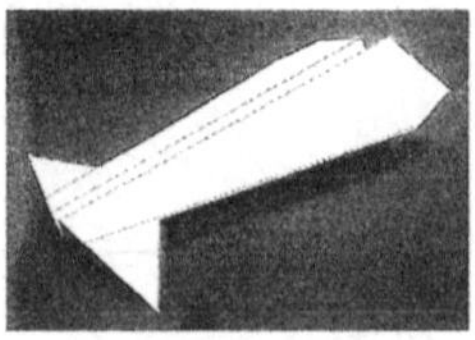

(4) あなたなら、１組の作戦と上のヒストグラムから、どの型の紙飛行機を選びますか。選んだ紙飛行機の型と理由を書きなさい。ただし、はじめに何ｍ以上何ｍ未満の記録を見て理由を考えたかを書くこと。

令和三年度
長野市立長野中学校
作文（時間　五十分）

【注意事項《じこう》】

1 「始め」の合図があるまで、中を開いてはいけません。

2 作文の問題は、問題冊子《さっし》の2～3ページに印刷されています。

3 問題冊子とは別に、＃2枚《まい》の解答用紙があります。2枚の解答用紙に、受検番号と氏名をまちがいのないように書きなさい。

4 解答は、すべて解答用紙の解答らんに書きなさい。なお、解答用紙の※印のあるところには、何も書いてはいけません。

5 問題冊子のあいているところは、メモに使ってもかまいません。

6 検査が始まってから、印刷がはっきりしないところや、ページが足りないところがあれば、静かに手をあげなさい。

7 答えを直すときは、きれいに消してから、新しい答えを書きなさい。

8 まわりの人と話をしたり、用具の貸し借りをしたりしてはいけません。

9 解答は、次の指定された字数や条件に従《したが》って、たて書きで書きなさい。

(1) 文字や数字は1マスに1字ずつ書き、文の終わりには句点（。）を書きなさい。句読点（、。）や、かぎかっこ（「」）も1字に数え、1マスに1字ずつ書きなさい。

(2) 【問】(2)については、段落《だんらく》の最初のマスをあけて書き始めなさい。また、句読点が行の先頭にこないようにしなさい。

(例)

　冬の寒さにたえた梅が、
美しくさいた。

＃教英出版 編集部 注
編集の都合上、解答用紙は表裏一枚にまとめてあります。

【問】学《まなぶ》さんたちは、長期休み明けの朝の会で、休み中に感じたことや考えたことを発表し合っていたところ、話題の中心は、「学校のよさ」に移っていきました。

次の会話文を読み、各問いに答えなさい。

【会話文】

学さん　みんなと話をしていて、学校のよさを感じるのは、学校だからできることがあるからだと思いました。みんなは、どのような時に学校のよさを感じますか。

都《みやこ》さん　私《わたし》は、友だちや先生といっしょに勉強をしていると「なるほど。よくわかった。楽しかった。」と思うことがたくさんあります。そういう時に、学校のよさを感じます。友だちといっしょに感動したり楽しかったりすることがあると、もっと勉強をがんばりたいという気持ちになります。

豊《ゆたか》さん　ぼくは、五年生の総合的な学習の時間で、田植えをした後に、田んぼにいた小さな生き物を採ってきて、けんび鏡で見る活動をしたことが、とても楽しかったです。ぼくの家には田んぼはないので、田んぼに入ることも、学校にある大きなけんび鏡で生き物を見ることも、初めての体験でした。ぬるぬるとした泥《どろ》の感しょくや田植えの後の気持ちのよさ、けんび鏡でミジンコやアオミドロを見たことは忘《わす》れられない体験です。こういう体験は、インターネットを見るだけではなかなか味わえないことだと思います。

緑《みどり》さん　私は、休み中に、社会科の授業で昔の人の暮《く》らしについて勉強したことを思い出しました。昔の人の暮らしについてもっと知りたいと思い、学校の図書館で調べていくうちに、郷土《きょうど》の歴史にも興味を持つようになり、昼休みにも調べました。そして、学校にある昔の道具を実際にさわったり動かしたりした時は、とても感動しました。このように、学校にはいろいろなことを調べることができる図書館や、実際にふれられる道具などがあり、もっと知りたいとか、やってみたいという気持ちが強くなります。

学さん　ぼくは、みんなの話を聞きながら、休み中に自分一人で勉強を進めていた時に、何かもの足りなかった理由が分かってきた気がします。そして、今日聞いた話から、学校のよさについてもう一度考えて、これからの学校生活を大切に過ごしていきたいです。

(1) 左の図は、上の会話文をもとにして作成したウェビングマップです。これを参考にして「学校のよさ」という言葉から、あなたが思いついた言葉をつなげてウェビングマップを作りなさい。その際、思いついた言葉を○で囲み、関係があるもの同士は、線でつなげなさい。言葉はいくつ書いてもかまいません。なお、(2)では、あなたのウェビングマップを参考にして作文を書きます。

会話文をもとに作成したウェビングマップ

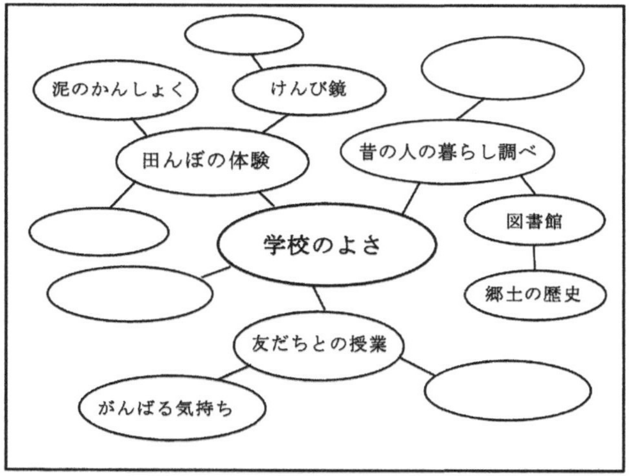

ウェビングマップ
中央にある言葉（今回は「学校のよさ」）を中心に、思いついた言葉をつなげていくことで、自分の思考や発想を広げたり、関連付けてまとめたりすることができます。

(2) あなたが考える「学校のよさと理由」と「そのよさを生かしてどのような中学校生活を送りたいか」を次の条件に従《したが》って書きなさい。

【条件】

ア 一行目から本文を書き、三百五十字以上、四百字以内で書く。

イ 一段落目には、あなたが考える学校のよさと理由を、二段落目以降《いこう》には、そのよさを生かしてどのような中学校生活を送りたいかを書く。

ウ (1)で作成した自分のウェビングマップを参考にして書く。ただし、自分がウェビングマップに書いたすべての言葉を使う必要はない。

エ 書き始めや新しい段落にするときの空白になるマス目も一字に数える。

オ 文末は、「だ・である」か、「です・ます」のどちらかに統一する。

これより先に問題はありません。　次のページに下書き用のマス目があります。

【問2】 ⑴３点　⑵４点　⑶６点　⑷12点

⑴	
⑵	（全員の記録をたして、）
⑶	（豊さんの説明）
⑷	選んだ紙飛行機の型に○をする　　A型　・　B型　・　C型
	（理由） ＿＿＿＿＿m 以上　＿＿＿＿＿m 未満の記録を見ると、

※問2計

(1)	実験１	
	実験２	
(2)		
(3)		
(4)		
(5)		

※問4計

るあなたのウェビングマップ

※　10点

※　(1)　計

※ 40点

400

350

※(2)計

作－②

作文　解答用紙

氏名	
受検番号	

(2)

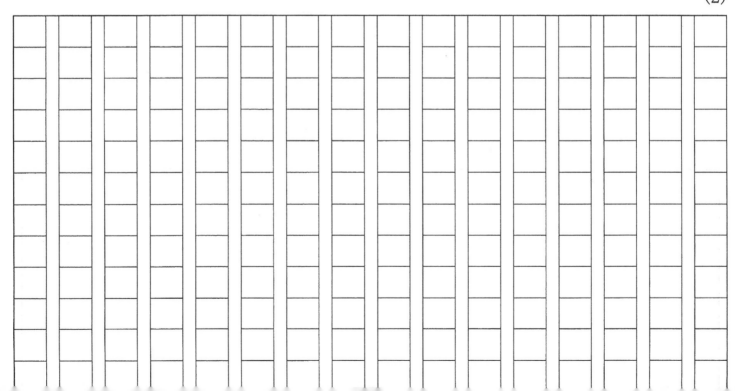

作－①

作文　解答用紙

氏名	
受検番号	

※

得　点

※50点満点

(1)

「学校のよさ」という言葉か

【解答用

適－②　　解答用紙

氏名	
受検番号	

得　点
※

【問3】

(1) 6点　(2) 5点　(3) 10点　(4) 4点

(1)	
(2)	10 20
(3)	60 80
(4)	20

※問3計

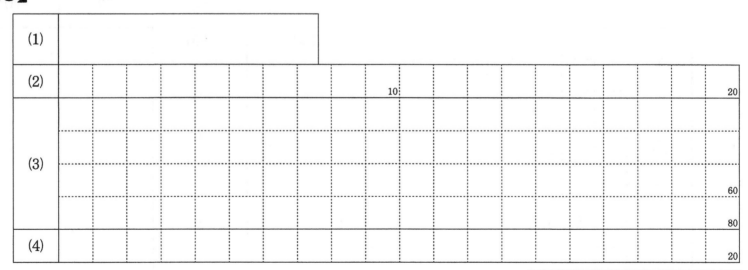

適－①　　解答用紙

氏名	
受検番号	

得　点
※

【問1】 ⑴6点　⑵4点　⑶3点　⑶12点

※100点満点

(1)	(2)	(3)	(4)	
		（春） ↓ ↓ ↓	俳句	100

左のマス目は、(2)の下書き用です。使っても使わなくてもかまいません。

解答は、解答用紙に書きなさい。

2021(R3) 長野市立長野中
K 教英出版

このページに問題はありません。

計算やメモに使ってもかまいませんが、解答は解答用紙に書くこと。

次のページにも問題があります。

【問3】　学《まなぶ》さんと豊《ゆたか》さんは、学校行事で長野県歌「信濃《しなの》の国」を聞いたことをきっかけに、「郷土《きょうど》で活躍《かつやく》した人物」に興味をもち、以下の会話をしています。各問いに答えなさい。

長野県歌「信濃の国」の歌詞（5番）

旭将軍義仲《あさひしょうぐんよしなか》も　仁科《にしな》の五郎信盛《ごろうのぶもり》も　春台太宰《しゅんだいだざい》先生も　象山佐久間《ぞうざんさくま》先生も
皆此国《みなこのくに》の　人にして　文武《ぶんぶ》の誉《ほまれ》たぐいなく　山と聳《そび》えて　世に仰《あお》ぎ　川と流れて　名は尽《つき》ず

象山は、「しょうざん」と読む場合もある。

学さん：長野県のホームページを見ると、5番の歌詞《かし》の後半の意味は、「みんな長野県にゆかりのある人で、学問、武芸にとてもすぐれていました。その偉人《いじん》の名誉《めいよ》は山のように高く、世の中の人が見上げています。川の流れのように、その名声は永遠に忘《わす》れられることはないでしょう。」と書かれているよ。

豊さん：その中に長野市出身の佐久間象山《さくまぞうざん》がいるね。とても偉《えら》い人物のようだけど、夏休みの自由研究のテーマにして、いつ、どのようなことをした人なのか調べてまとめてみよう。

見　出　し

1　研究のきっかけ

学校の行事で聞いた「信濃の国」の5番の歌詞に、長野市出身の佐久間象山が取り上げられていることを知り、象山について調べ、現在でも尊敬《そんけい》され、語りつがれている理由をまとめてみようと考えた。

長野市松代の象山神社にある象山の銅像

2　研究の方法と調べてわかったこと

(1)　図書館にある象山に関係する本やインターネットを使って調べたことをもとに、象山に関係することや当時の主な出来事を年表にまとめた。

西暦《せいれき》	佐久間象山に関すること	西暦《せいれき》	当時の主な出来事
1811年	現在の長野市松代《まつしろ》に生まれる。		日本に貿易や交流を求め外国船が近づく。
		1825年	近づく外国船をけいかいし、打ちはらう。
1833年	江戸《えど》(現在の東京)に出て、学問を広く学ぶ。		
1839年	江戸で塾《じゅく》を開き、学問を教える。		
		1840年	清国《しんこく》(現在の中国)がイギリスに攻撃《こうげき》される。
1842年	松代で大砲《たいほう》や軍かん製造、海軍の設置、学校の整備などを提案する。	1842年	外国船を打ちはらう命令がゆるめられる。
1844年	西洋の知識からガラスを作る。		
1850年	江戸で再び塾を開き、砲術《ほうじゅつ》などを教える。各地から入門者が来る。		
1851年	現在の千曲《ちくま》市で大砲の試し打ちをする。	1853年	アメリカ人が来航し、貿易などを求める。
1858年	地震《じしん》予知器を作る。	1854年	アメリカと条約を結び、貿易などを始める。
1860年	電気治療《ちりょう》機を作る。		
1864年	京都で亡《な》くなる。	1868年	江戸時代が終わり、明治《めいじ》時代が始まる。
			日本で海軍や陸軍をつくる準備が始まる。
1889年	明治政府より功績を認められる。	1872年	全国に学校制度がしかれる。
1900年	「信濃の国」の歌ができる。		

(2) 象山がまつられている神社に行き、案内板やパンフレットを読み、象山についてくわしい人からお話を聞いて、当時の様子や象山が行《おこな》ったこと、考えたことなどをまとめた。

佐久間象山（1811～1864）が活躍した時代は？　（インターネットより）

・外国と貿易や交流を行うことは厳《きび》しく制限されていた。当時の日本は西洋（ヨーロッパやアメリカ）に比べて科学の技術や知識などでおくれをとっていた。

・武士や町人などの身分が定められ、身分によって職業や住む場所が決められていた。

① 佐久間象山が行ったこと　（案内板・パンフレットより）

・オランダの百科事典を手がかりに、電気治療機や地震予知器、望遠鏡、ガラスなどを作った。

・西洋式の大砲を造り、試し打ちをした。

・西洋の学問をいかして、食用の豚《ぶた》やジャガイモ、薬草を育て、新しい産業を興《おこ》そうとした。

② 佐久間象山が考えていたこと

佐久間象山は、自分の考えを「海防八策《かいぼうはっさく》」としてまとめ、象山が仕《つか》えていたお殿様《とのさま》に、西洋の文化や考え方を取り入れるよう提案しました。

内容は次の通りです。

・西洋の文化にならい、西洋式の船や大砲を製造する。

・海軍を設置し、訓練をする。

・身分に関係なく、優秀《ゆうしゅう》な人材を求める。

・全国に学校を整備し、教育を盛《さか》んにする。

③ 佐久間象山から影響《えいきょう》を受けた人たち

大勢の武士や医師、商人などが、当時の西洋の情報を聞くために象山の元を訪れました。中には、今の山口県や高知県からやって来た人もいました。

象山についてくわしく知っている方へのインタビューより

3 研究のまとめ

(1) 自由研究の年表から読みとれる内容としてふさわしいものを、次の**ア～エ**からすべて選び、記号で書きなさい。

ア 象山は、1833年に江戸に出た後、ずっと江戸で過ごしていた。

イ 象山は、全国に学校制度がしかれる30年前に、学校の整備を提案していた。

ウ 象山は、日本に古くから伝わる知識や技術だけで、さまざまな物を作った。

エ アメリカとの貿易が始まった後、日本で海軍や陸軍をつくる準備が始まった。

(2) 学さんと豊さんが、神社で調べたり人から聞いたりしてまとめた、上の①、②、③の内容について共通しているのはどのようなことですか。10字以上20字以内で書きなさい。

(3) 学さんたちは、年表や案内板、パンフレット、インタビューなどから、**3 研究のまとめ** に「佐久間象山が多くの人から尊敬され、語りつがれている理由」を書きます。あなたならどのようにまとめますか。60字以上80字以内で書きなさい。

(4) あなたが考えた **3 研究のまとめ** の内容をふまえて、あなたならどのような自由研究の **見出し** をつけますか。「**佐久間象山**」という人物名を入れて20字以内で書きなさい。

【問4】 花《はな》さんと弟の学《まなぶ》さんは、朝食の準備をしていました。学さんが平らな机《つくえ》を水ぶきした後に、花さんが熱いみそ汁《しる》を入れたおわんを置くと、おわんがすべるようにスッと動きました。２人は、おわんが動いたことが不思議になり、調べることにしました。各問いに答えなさい。

学さん：机を水ぶきして、机がぬれているからおわんが動いたのかな。
花さん：それなら、かわいた机の上では、おわんが動かないのか実験してみよう。

実験１

予想 机が水でぬれているから、おわんが水に浮《う》いて動いた。かわいていれば動かないだろう。

実験 熱いみそ汁が入ったおわんを、かわいた机の上に置く。

結果 おわんは、動かなかった。

花さん：やっぱり、机が水でぬれていることが関係していそうだね。
学さん：机が水でぬれていることと、おわんが動くことには、どのような関係があるのかな。
花さん：**図１**のように、おわんの高台《こうだい》の部分が水に浮いてすべるようにして動いたと思うよ。
学さん：高台ってどこの部分なの？
花さん：高台は、**図２**のおわんの底の部分だよ。
学さん：それなら、みそ汁を入れて重くなったおわんだと少ししか動かないから、みそ汁が入っていなければもっと動くはずだね。
花さん：水でぬらした机に、みそ汁を入れない空《から》のおわんを置いて確かめてみよう。

【図1】

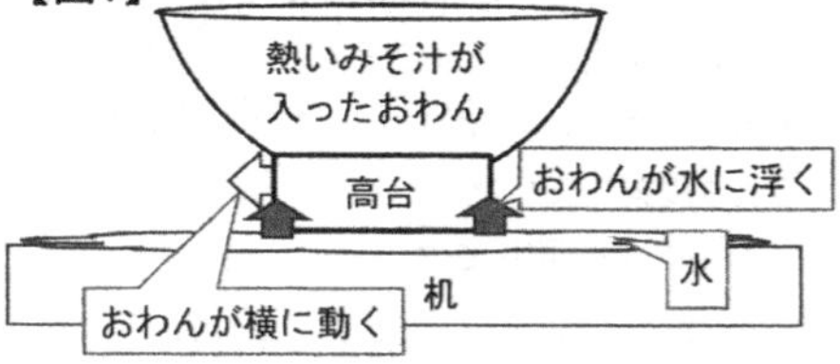

【図2】

実験２

予想 みそ汁を入れない空のおわんなら、もっと動くだろう。

実験 **図3**のように平らな机の上を水でぬらし、そこにみそ汁を入れない空のおわんを置く。

結果 おわんは、動かなかった。

【図3】

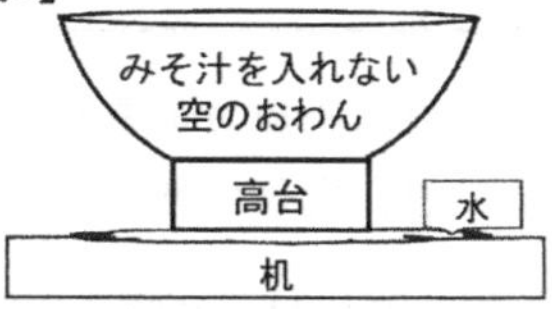

(1) 花さんと学さんが、**実験１**と**実験２**で確かめたかったこととして、最もふさわしい内容を次の**ア**～**エ**からそれぞれ１つずつ選び、記号で書きなさい。

ア おわんが動くのに、机が水でぬれていることが関係しているか。
イ おわんが動くのに、おわんの高台の中の空気が関係しているか。
ウ おわんが動くのに、おわんに入ったみそ汁の温度が関係しているか。
エ おわんが動くのに、おわんや中身の重さが関係しているか。

花さんと学さんは、**実験１**と**実験２**の**結果**を確認し、次のように話しました。

学さん：**実験１**と**実験２**では、おわんは、動かなかったね。もしかしたら、水でぬらした机の上に置いた［ A ］から動いたのかな。
花さん：［ A ］ことと、おわんが動くことには、どのような関係があるの。
学さん：それでは、**実験３**をして確かめてみよう。

実験3

実験　平らな机の上を水でぬらし、その上に「熱いみそ汁が入ったおわん」と「冷めたみそ汁が入ったおわん」を置く。

結果　熱いみそ汁が入ったおわんは、動いた。
冷めたみそ汁が入ったおわんは、動かなかった。

実験3の結果から、花さんと学さんは、次のように考えました。

学さん：**実験3**で、熱いみそ汁が入ったおわんの高台の中にある［　B　］からおわんが動いたんだね。机をぬらした水は、おわんの高台の中にある空気を閉《と》じこめるはたらきをしていたんだ。

花さん：なるほど。そういうことだったのね。［　B　］のかは他の実験で確かめられないかな。

学さん：学校の理科の学習で使ったもので、実験方法を考えてみよう。

(2)　**実験3**の内容から考えて、会話中の［　A　］に当てはまる最もふさわしい内容を次の**ア〜エ**から1つ選び、記号で書きなさい。

ア　おわんにみそ汁が入って重くなった　　**イ**　おわんに何も入っていないために軽かった
ウ　おわんに入ったみそ汁が冷めていた　　**エ**　おわんに入ったみそ汁が熱かった

(3)　学さんの考えの［　B　］には、おわんが動く理由が適切に説明されています。［　B　］の中に入る内容を書きなさい。

(4)　会話文中の**下線部**について、**下の表**から必要なものを選び、適切な実験の方法と予想される結果を書きなさい。他に必要なものを加えたり、図や絵を用いて説明してもかまいません。ただし、実験は平らな机の上で安全に行えるようにすること。

おわん	ビーカー	丸底フラスコ	水そう	風船	アルコールランプ
三脚《さんきゃく》	湯（50℃）	水（4℃）	石けん水	金あみ	実験用ガスコンロ

(5)　学さんの考えの［　B　］と同じ現象を、次の**ア〜オ**からすべて選び、記号で書きなさい。

ア　空気入れを使ってボールに空気を入れ、ボールをふくらませた。
イ　つぶれたピンポン球をお湯に入れると、ふくらんでもとの形にもどった。
ウ　水が入ったペットボトルの容器をこおらせたら、容器がふくらんだ。
エ　熱気球の中の空気をあたためたら、熱気球がふくらんだ。
オ　水を入れたエアーポットのボタンを押すと、注ぎ口から水が出てきた。

令和２年度

長野市立長野中学校

適性検査（時間50分）

【注意事項《じこう》】

1　「始め」の合図があるまで、中を開いてはいけません。

2　検査問題は、**【問1】**から**【問4】**まであり、問題冊子《さっし》の4～11ページに印刷されています。

3　問題冊子とは別に、2枚《まい》の解答用紙があります。2枚の解答用紙に、受検番号と氏名をまちがいのないように書きなさい。

4　解答は、すべて解答用紙の解答らんに書きなさい。なお、解答用紙の※印のあるところには、何も書いてはいけません。

5　問題冊子のあいているところは、メモに使ってもかまいません。

6　検査が始まってから、印刷がはっきりしないところや、ページが足りないところがあれば、静かに手をあげなさい。

7　答えを直すときは、きれいに消してから、新しい答えを書きなさい。

8　まわりの人と話をしたり、用具の貸し借りをしたりしてはいけません。

9　解答は、指定された字数や条件にしたがって書きなさい。

＃教英出版 編集部　注
編集の都合上、解答用紙は表裏一枚にまとめてあります。

このページに問題はありません。

計算やメモに使ってもかまいませんが、解答は解答用紙に書くこと。

このページに問題はありません。

計算やメモに使ってもかまいませんが、解答は解答用紙に書くこと。

【問１】 緑《みどり》さんのクラスでは、世界の国々と日本のくらしについて学習をしています。緑さんと学《まなぶ》さんの班では、中国について調べることになりました。ある日の放課後、緑さんと学さんは、緑さんの家のとなりに住む中国人の王《おう》さんに話を聞きに行きました。

次の各問いに答えなさい。

【緑さん・学さん・王さんの会話】

学さん：王さんは日本語が上手ですね。日本に住んで何年になるのですか。

王さん：10年になります。日本語もだんだん話せるようになりましたよ。

緑さん：日本語はむずかしかったですか。

王さん：中国語も漢字を使っているので、漢字は少しわかりましたよ。例えば、「安心」は、意味も発音も中国語と日本語はほとんど同じなのですよ。

学さん：漢字という共通点があるから、言葉を覚えるのに便利なのですね。

王さん：実は、そうでもないのです。まったくちがうものもあります。例えば、中国語で「手紙」はトイレットペーパーのことなのです。

緑さん：え！それはまちがえてしまいそうですね。ほかにどんなちがいがあるのですか。

王さん：同じ漢字でも、日本は漢字の読み方がたくさんありますよね。たとえば学さんの「学」は「ガク」とも「マナぶ」とも読むでしょう。

学さん：①「音読み」と「訓読み」ですね。中国語にはないのですか。

王さん：ええ、中国語は、１つの漢字には１つの読み方が多いです。

緑さん：ほかに、日本と中国でちがっていたことはありますか。

王さん：食べ物のことですが、日本と中国のぎょうざのちがいにはおどろきました。

緑さん：中国では、お祝いの時にぎょうざを食べるんですよね。

王さん：はい。中国では、お正月や結こん式、赤ちゃんが生まれた時にも、ぎょうざでお祝いをします。それに、中国では焼いたぎょうざはほとんど食べません。

学さん：では、どうやって食べるんですか。

王さん：中国では、ぎょうざはゆでて食べます。皮は自分の家で作ります。日本の皮より厚くて、もちもちしています。

学さん：作り方を教えてくれませんか。

王さん：もちろん、いいですよ。

緑さん：まだまだ聞きたいことがあるので、今度、②私たちの学校に来て、もっとお話を聞かせてくれませんか。

王さん：わかりました。楽しみです。ぎょうざのレシピも持っていきますね。12月16日の月曜日と19日の木曜日は都合が悪いので、それ以外の日ならだいじょうぶですよ。

緑さん：ありがとうございます。またご連絡《れんらく》します。

(1)　下線部①に関わって、下の**ア**～**オ**の＿＿の言葉の中から、訓が使われているものをすべて選び、記号で答えなさい。

ア　あすの朝は、いつもより早く学校へ行く。

イ　お兄さんが口笛をふきながら歩いている。

ウ　お母さんが車を運転して、むかえにきた。

エ　駅に行くには、この角を曲がった方が近道です。

オ　じゃんけんで勝負しよう。

(2)　緑さんは、王さんと話しながら、クラスの友達にインタビューの内容を伝えるために【聞き取りメモ】を書きました。【緑さん・学さん・王さんの会話】を読んで、【聞き取りメモ】の続きを書きなさい。

【聞き取りメモ】

・日本に来て10年。
・日本も中国も漢字を使う。
・「安心」は意味も発音もほとんど同じ。
・「手紙」はトイレットペーパーのこと。
・１つの漢字 → 読み方１つ。
・ぎょうざはお正月、結こん式、赤ちゃんが生まれたとき食べる。
・焼いて食べない。

(3)　下線部②に関わって、次の日、緑さんと学さんは、クラスの友達に向けて【「王さんのお話を聞く会」のお知らせ】を書きました。そのお知らせをポスターにするために、同じ班の豊《ゆたか》さんと都《みやこ》さんからアドバイスをもらっています。

【「王さんのお話を聞く会」のお知らせ】

王さんのお話を聞く会を行います。12月18日水曜日の放課後午後３時半から４時15分です。３時25分には集まってください。筆記用具を持ってきてください。場所は集会室です。お待ちしています。　３班より

≪豊さんと都さんのアドバイス≫

豊さん：文字の大きさも全部同じで、日時や集合時間も続けて書いているので、よく分からないですね。

都さん：お話を聞く会に来たくなるような工夫ができるといいですね。

豊さんと都さんのアドバイスを参考に、見る人にとって分かりやすく、お話を聞く会に来たくなるようなポスターを解答用紙の□わくの中にかきなさい。

【問2】 緑《みどり》さんの学年では、体育の授業のまとめとしてサッカー大会を行います。体育委員長の緑さんは、委員の学《まなぶ》さんや豊《ゆたか》さんと、大会の計画を立てています。

次の各問いに答えなさい。

緑さん：対戦方法は、トーナメント戦と総当たり戦がよく使われています。

トーナメント戦	総当たり戦
試合で、敗者をのぞいていき、勝者どうしが戦いぬいて優勝《ゆうしょう》を決める方式	全ての参加チームが、全ての相手と1回ずつ対戦を行い優勝を決める方式

豊さん：はじめに、トーナメント戦について調べましょう。

学さん：例えば、参加チーム数が4チームのときの全部の試合数について、**図1**のようにトーナメント表をかくと3試合になることが分かります。

図1

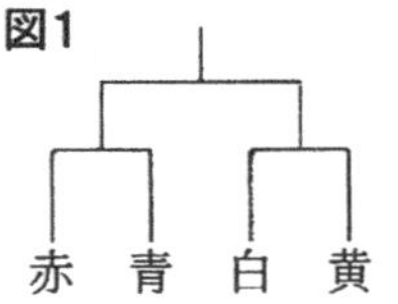

緑さん：学さんのようにトーナメント表をかいて数えなくても①トーナメント戦の全部の試合数は、［ エ ］の式を使って求めることができます。

(1) 下線部①について、トーナメント戦の参加チーム数と全部の試合数をまとめた**表1**の**ア**、**イ**、**ウ**を記入し、［ エ ］にあてはまる式を言葉と数を使って書きなさい。

2チームの場合　　3チームの場合　　4チームの場合　・・・

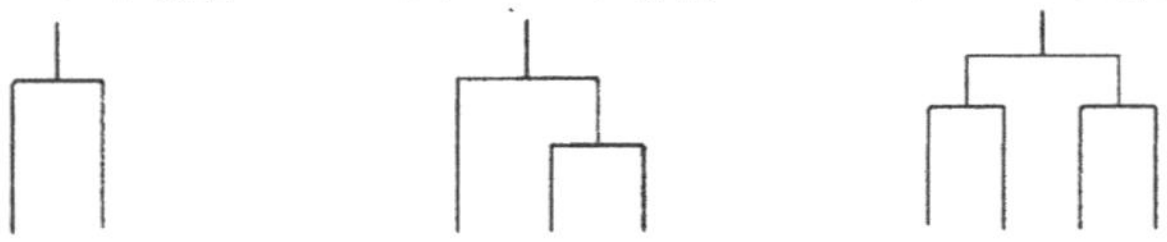

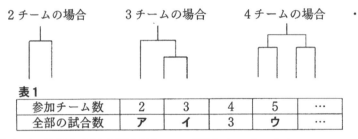

表1

参加チーム数	2	3	4	5	…
全部の試合数	**ア**	**イ**	3	**ウ**	…

緑さんたちは、総当たり戦の試合数について話し合っています。

緑さん：例えば、参加チーム数が4チームで総当たり戦としたときの全部の試合数は、何試合になるのでしょうか。

豊さん：**図2**のように4チームの総当たり戦の対戦表をかいて○印の数を数えれば試合数が分かります。○印の付いている「赤対青」と×印の付いている「青対赤」は同じ試合だから×印の数は数えません。だから、4チームの場合は、6試合です。

学さん：参加チーム数と試合数について、調べて**表2**にまとめました。

図2

	赤	青	白	黄
赤		○	○	○
青	×		○	○
白	×	×		○
黄	×	×	×	

表2

参加チーム数	2	3	4	5	・・・
全部の試合数	1	3	6	10	・・・

(2) **表2**から見つけられるきまりを数や言葉を使って1つ書きなさい。

令和二年度

長野市立長野中学校

作文（時間　五十分）

【注意事項《じこう》】

1 「始め」の合図があるまで、中を開いてはいけません。

2 作文の問題は、問題冊子《さっし》の二〜三ページに印刷されています。

3 問題冊子とは別に、二枚《まい》の解答用紙があります。二枚の解答用紙に、受検番号と氏名をまちがいのないように書きなさい。

4 解答は、すべて解答用紙の解答らんに書きなさい。なお、解答用紙の※印のあるところには、何も書いてはいけません。

5 問題冊子のあいているところは、メモに使ってもかまいません。

6 検査が始まってから、印刷がはっきりしないところや、ページが足りないところがあれば、静かに手をあげなさい。

7 答えを直すときは、きれいに消してから、新しい答えを書きなさい。

8 まわりの人と話をしたり、用具の貸し借りをしたりしてはいけません。

【問】 緑《みどり》さんのクラスでは、「自分にとってのたからもの」についての紹介《しょうかい》文を書き、クラスで発表し合う活動をしています。

【A】は、緑さんが、「自分にとってのたからもの」の紹介《しょうかい》文を書くために立てた構想をもとに、「たからもの」によせる思いが、より聞き手に伝わるようにするために、友だちと意見交換《こうかん》している場面です。【A】を読み、後の(1)、(2)の各問いに答えなさい。

【A】

緑さん　わたしにとってのたからものは、①「星の王子さま」という本です。このお話は、「ぼく」の乗った飛行機が故障《こしょう》してサハラ砂漠《さばく》に不時着し、その時に、星の王子さまと出会い、おたがいの交流を深めるお話です。

学《まなぶ》さん　なぜ、その本をたからものに選んだのですか。

緑さん　②この本の中に、とても深く、心に残った言葉があったからです。それは、「かんじんなことは目では見えない」というキツネの言葉です。これは、ゆっくり時間をかけて、二人が「仲よし」になっていくまでの見えない道すじの大切さについて話した時の言葉です。わたしは、クラスのみんなと今までゆっくり時間をかけて「仲よし」になってきた、たくさんの経験が、まさに目では見えないかんじんなことだと思いました。キツネの言葉と自分の経験がぴったり重なった気がして、この言葉がとても心に残りました。なので、そんな気持ちにさせてくれたこの本を、たからものに選びました。

学さん　なるほど。具体的に理由を話してくれたので、その本に寄せる緑さんの気持ちが伝わってきました。

都《みやこ》さん　理由にあった「たくさんの経験」とは、具体的には、どんな経験ですか？

緑さん　③今年の夏にみんなで地域《ちいき》のお祭りについて調べて実際に参加し、おどった活動がその一つです。みんなで学習計画を立てて調べたり、おどりの専門家《せんもんか》に教わったりしながらゆっくり時間をかけて取り組んできました。お祭り当日も、わくわくどきどきしっぱなしで、クラスのみんなで、汗《あせ》いっぱい、笑顔いっぱいの時間を過ごすことができて、最高でした。

都さん　あの時のことは心に残っています。たからものを選んだ理由とそれにかかわる経験や思い出、その時の気持ちを緑さんらしい言葉で表現すれば、より聞き手に伝わると思いました。

緑さん　ありがとうございます。これをもとに紹介《しょうかい》文を書いてみます。

（参考文献《けん》　絵本「星の王子さま」サンテグジュペリ　池澤夏樹《いけざわなつき》　訳《やく》　集英社）

(1) 緑さんは、「自分にとってのたからもの」に、「星の王子さま」という本を選びました（―線部①）。そして、そのたからものを選んだ理由を述べて（―線部②）、それにかかわる経験や思い出をあげています（―線部③）。

では、あなたの、「自分にとってのたからもの」は何ですか。次の三つの項目《こうもく》について、図を参考にして構想を立てなさい。（メモ程度でよい）

① 【自分にとってのたからもの】
② 【たからものを選んだ理由】
③ 【理由にかかわる経験や思い出】

※ 「たからもの」は、「もの」、「できごと」、「ひと」など、広い範囲《はんい》から選んでよいこととする。

図 緑さんの構想

① 「星の王子さま」という本

② とても深く、心に残った言葉があったから

③ 今年の夏にクラスのみんなで参加した地域のお祭り

(2) (1)であなたが立てた構想をもとにして、「自分にとってのたからもの」というテーマで、紹介《しょうかい》文を書きなさい。ただし、次の条件にしたがうこと。

【条件】

ア 三百字以上、四百字以内で書くこと。
イ 書き始めや新しい段落《だんらく》にするときの空白になるマス目も一字に数えること。
ウ 一行目から本文を書くこと。
エ 文末は、「だ」・「である」などか、「です」・「ます」などのどちらかに統一すること。
オ 全体の段落構成については、自分で考え、構成してよい。

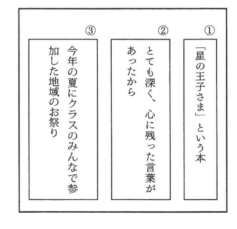

これより先に問題はありません。

次のページに下書き用のマス目があります。

※問1計

【問2】 (1)３点×２　(2)６点　(3)コート数・１試合の時間・試合と試合の間の時間…完答３点　理由…12点

(1)	ア		イ		ウ		エ	
(2)								
(3)	コート数	コート	１試合の時間	分	試合と試合の間の時間	分		
	理由							

※問2計

【問4】　(1)共通する点…３点×２　ちがう点…３点　(2)４点　(3)完答３点×２　(4)完答３点×２

(1)	共通する点					
	ちがう点					
(2)						
(3)	1 記号	→	2 番号	→	3 理由	
	1 記号	→	2 番号	→	3 理由	
(4)	記号	→	説明			
	記号	→	説明			

※問4計

※　10点

①～③
※　(1) 計

15

400

300

※　40点

※(2)計

作－②　**解答用紙**

氏名	
受検番号	

(2)

作－①　　解答用紙

氏名	
受検番号	

得　点
※ **※50点満点**

(1)

①

【自分にとってのたからもの】

②

【たからものを選んだ理由】

③

【理由にかかわる経験や思い出】

【解答用

適－②　解答用紙

氏名	
受検番号	

得　点
※

【問3】 (1)4点　(2)9点　(3)9点

(1)		
(2)		
(3)		

※問3計

適－①　解答用紙

氏名	
受検番号	

得　点
※ ※100点満点

【問1】 (1)6点　(2)8点　(3)12点

(1)	
(2)	・日本に来て 10 年。 ・日本も中国も漢字を使う。 ・「安心」は意味も発音もほとんど同じ。 ・「手紙」はトイレットペーパーのこと。 ・１つの漢字 → 読み方１つ。 ・ぎょうざは、お正月、結こん式、赤ちゃんが生まれたとき食べる。 ・焼いて食べない。
(3)	

左のマス目は、(2)の下書き用です。使っても使わなくてもかまいません。

解答は、解答用紙に書きなさい。

20 300 400

【作

2020(R2) 長野市立長野中
教英出版

【作

緑さんたちは、ここまで調べたことと**メモ**をもとにして、４学級によるサッカー大会の計画書を作成することにしました。

各クラスのチーム数は、男子**A**、**B**、女子**C**、**D**の計４チームとし、**A**チーム同士、**B**チーム同士、**C**チーム同士、**D**チーム同士の総当たり戦とします。

メモ

① 大会は、９時から12時までの間にすべて終わらせる。

② コートは、体育館２コート、グラウンド２コートを同時に使用できる。
（すべてのコートを使用しなくてもよい）

③ １試合の時間は、10分間以上とする。

④ 試合と試合の間は、準備や移動のため、２分間以上あける。

⑤ 男女ともに試合時間は同じ時間とする。

⑥ 同点の場合は、引き分けとする。延長戦《えんちょうせん》は行わない。

サッカー大会計画書

体育委員会

学級数　４学級

各学級チーム数　４チーム

対戦方法　総当たり戦

使用するコート数　［　　　コート］

１試合の時間　［　　　分］

試合と試合の間の時間　［　　　分］

コート図

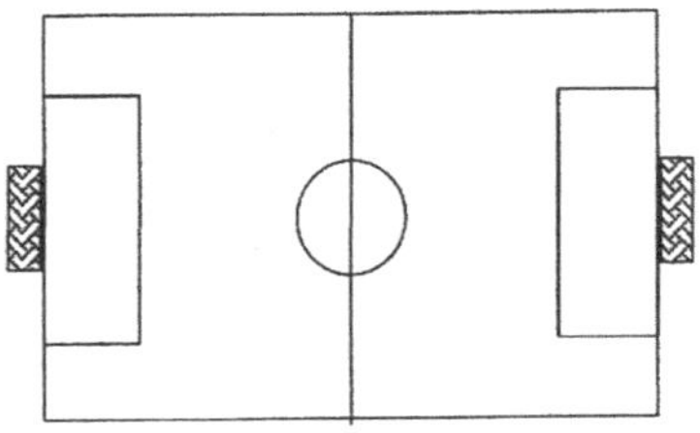

対戦表

	時刻《じこく》	Ｉコート	IIコート	審判《しんぱん》
第１試合	：　～　：	**１Ａ－２Ａ**	**１Ｂ－２Ｂ**	３組
間	：　～　：			
第２試合	：　～　：	**３Ａ－４Ａ**	**３Ｂ－４Ｂ**	２組

(3) あなたならどのような大会の計画書をつくりますか。**メモ**をもとにして、使用するコート数、１試合の時間（分）、試合と試合の間の時間（分）を書きなさい。また、そのように決めた理由を数や言葉などを使って書きなさい。

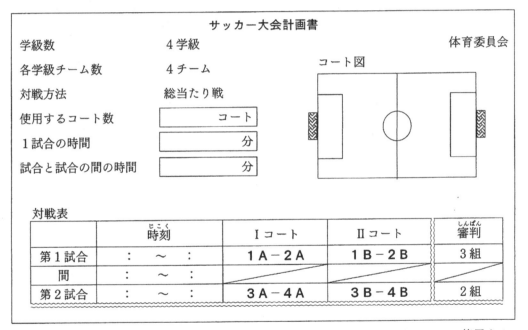

【問3】 緑《みどり》さんと学《まなぶ》さんは、総合的な学習の時間にごみ問題について学習しています。2人は学校中から集められたごみを見ながら話をしています。次の各問いに答えなさい。

学さん：可燃ごみのふくろの中にレジぶくろが入っています。レジぶくろはプラごみ*1です。

緑さん：こちらのプラごみのふくろの中には、荷物をしばるビニールひもが入っています。ビニールひもは可燃ごみですよね。

学さん：そうですね。どうしたらみんなきちんと分別してくれるのでしょうか。

（緑さんと学さんは下の資料を見ながら話をしています）

学さん：資料を見ると、やっぱり分別ができていないことがわかりますね。

緑さん：①**グラフ1**を見ると、可燃ごみのふくろの中に、紙類が12%混ざっています。紙類は資源物《しげんぶつ》になるはずです。きちんと分別すれば、**表1**のとおり新聞紙やダンボールとしてリサイクルされます。

学さん：そうですね。ごみの分別は、ごみの減量を進める第一歩になります。

＊1　プラごみとは、プラスチック製容器包装《せいようきほうそう》（資源物）のこと

グラフ1 可燃ごみぶくろの中身（長野市指定のふくろ）※2

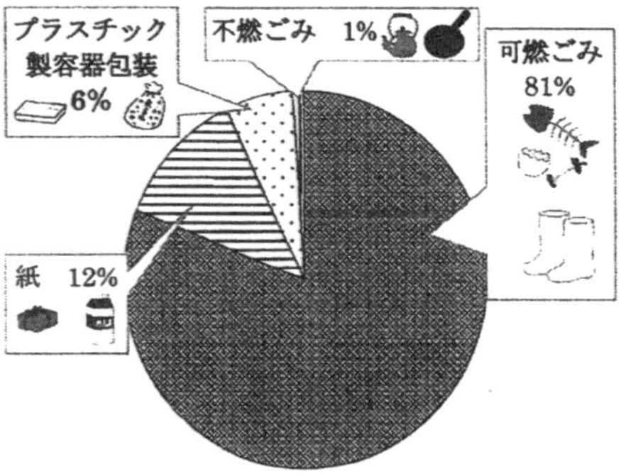

グラフ2 プラスチック製容器包装ぶくろの中身（長野市指定のふくろ）※2

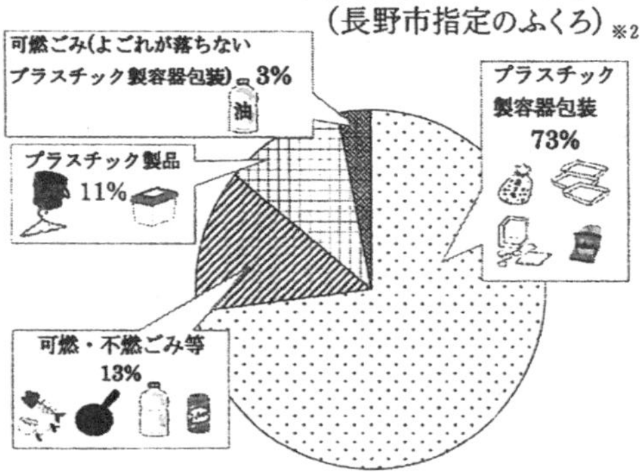

表1 家庭から出される資源物のゆくえ（長野市の場合）

ごみの種類		処理《しょり》を行う事業者・メーカー	最終的なかたち（主なもの）
資源物	かん類	製鉄所・かんメーカー	鉄、かん
	プラスチック製容器包装	リサイクル事業者・メーカー	プラスチック製品 工業用原材料
	ペットボトル	リサイクル事業者・メーカー	ペットボトル、軍手など
	ビン類	リサイクル事業者・メーカー ビンメーカー	ビン 道路づくりの材料
	紙類	製紙メーカー	新聞紙、ティッシュペーパー ダンボールなどの紙類

＊2　ごみ処理《しょり》場に運びこまれた可燃ごみ・プラスチック製容器包装ぶくろの一部を取り出し、中身を種類別に分け、その平均の割合《わりあい》をグラフに表したもの

グラフ1～3、表1～3は、「令和元年度長野市ごみ処理概要《がいよう》」より作成

(1)　**グラフ1**、**2**と**表1**を見て、問題点としてあげられることを下線部①の緑さんのように書きなさい。

続けて、緑さんと学さんは、長野市の家庭から出されるごみの量について調べる中で、次の3つの資料を見つけました。

表2　平成30年度に長野市の家庭から出されたごみ・資源物の量（トン）

可燃ごみ	不燃ごみ	資源物				
		かん類	プラスチック製容器包装	ペットボトル	ビン類	紙類
52,314 （可燃ごみの中の生ごみの量20,350*3）	4,648	598	3,449	533	2,060	4,243

＊3　可燃ごみぶくろの一部を取り出し、中身を種類別に分け、その割合から計算した量

グラフ３　長野市の家庭から出された可燃ごみの量の移り変わり

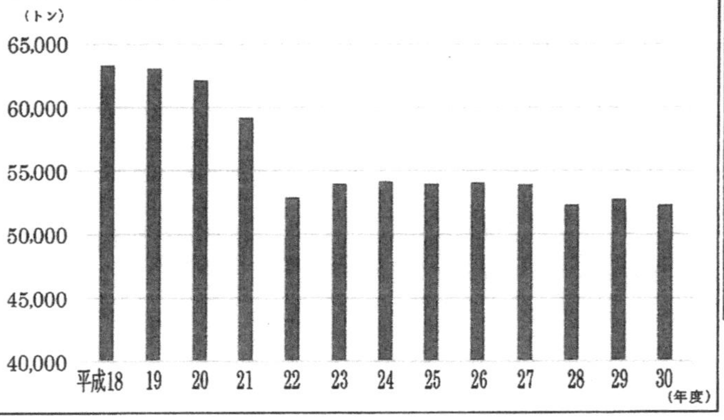

表３
ごみぶくろ1枚当たりのごみ処理《しょり》手数料
（平成21年10月より実施）

区分	種類	手数料
可燃ごみ	大	30円
	小	20円
不燃ごみ	大	30円
	小	20円

（２人は、３つの資料を見ながら話をしています）

学さん：**表２**を見ると、家庭から出されたごみの中では可燃ごみが特に多いことが分かります。

緑さん：**グラフ３**を見てください。可燃ごみが、平成21年度から22年度にかけて急に減っていますよ。

学さん：どうして減ったのでしょうか。

緑さん：**表３**のとおり、平成21年10月から可燃ごみ・不燃ごみの処理手数料が有料化されました。それをきっかけに、それぞれの家庭でごみを減らそうとする気持ちが強くなってきたのではないでしょうか。

学さん：なるほど、そうかもしれません。でも、平成22年度以降《いこう》はなかなか減っていませんね。

緑さん：可燃ごみを減らすために、もっとごみの分別をすすめることが必要です。また、可燃ごみそのものを減らすことも考えていかなければいけません。

学さん：②きちんと分別をしたり、可燃ごみを減らしたりするためにはどうしたらよいでしょうか。このことを考えて、次の総合的な学習の時間にクラスのみんなに提案してみましょう。

(2)　これまでの資料から読みとれることを、次の**ア**～**オ**からすべて選び、記号で答えなさい。

ア　ビン類やかん類、ペットボトルのリサイクルはすべてリサイクル事業者で処理されている。

イ　**グラフ１**の全体の量を**表２**の可燃ごみ52,314トンとすると、可燃ごみぶくろの中に含《ふく》まれているプラスチック製容器包装の量は、3,000トンを上回る。

ウ　紙類は、製紙メーカーに運ばれて、ティッシュペーパーなどに生まれ変わる。

エ　油を入れてあったペットボトルは可燃ごみとして処理し、ジュースを入れてあったペットボトルはきれいに洗《あら》えばプラスチック製容器包装として処理する。

オ　長野市の可燃ごみの総量は、平成18年度と平成30年度を比べると、10,000トン以上減っている。

(3)　下線部②を受けて、あなたならどのような提案をしますか。自分の経験をもとに提案内容を書きなさい。

【問4】 学《まなぶ》さんたちの学校の校地内には、池や木などがあります。理科の授業で、学校のまわりにいる生き物を探してスケッチしました。学さんは、アリをスケッチしようと考え、草むらにいた生き物をつかまえてスケッチしました。次の各問いに答えなさい。

学さん：アリのスケッチをしてきました。見てください。
豊《ゆたか》さん：学さんがスケッチをした生き物は、アリなのでしょうか。
学さん：この生き物は、大きさや色からみて、アリだと思います。
緑《みどり》さん：でも、私は、からだの形がアリとちがうのではないかと思います。
学さん：どこがちがうのですか。
緑さん：私も、アリをスケッチしたので、学さんのスケッチと比較《ひかく》してみましょう。

学さんのスケッチ

(1) 学さんと緑さんのスケッチを比べて、2匹の生き物のからだのつくりの共通する点を2つと、ちがう点を1つ書きなさい。

緑さんのスケッチ

(2) 下の**ア～ク**は3人が探した生き物の写真です。学さんがスケッチをした生き物は、どの生き物の仲間だと考えられますか。下の**ア～ク**の中から、ふさわしいものを1つ選び、記号を書きなさい。

ア 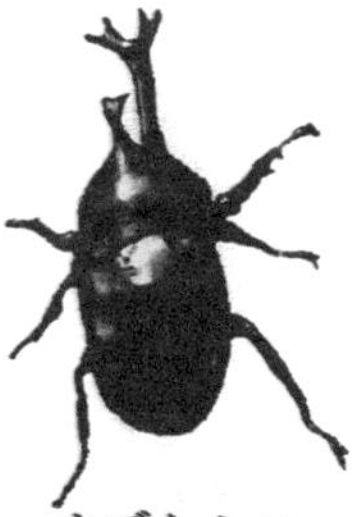 カブトムシ	**イ**  モンシロチョウ	**ウ**  クモ	**エ**  コオロギ
オ  トンボ	**カ**  カマキリ	**キ**  アマガエル	**ク**  テントウムシ

(3)　下の図は、学さんたちの学校を上空から見たものです。あなたが、この学校で、夏に生き物を採集する場合、(2)の**ア～ク**の生き物をどの場所で探《さが》しますか。次の**1～3**の順にしたがい、解答らんに書きなさい。

1　(2)の**ア～ク**の中から２種類の生き物を選び、記号を書きなさい。
2　**1**で選んだ生き物を下の図の①～⑩のどの場所で探しますか。番号を1つ書きなさい。
3　**2**でその場所を選んだ理由を生き物のくらしと関係付けて書きなさい。

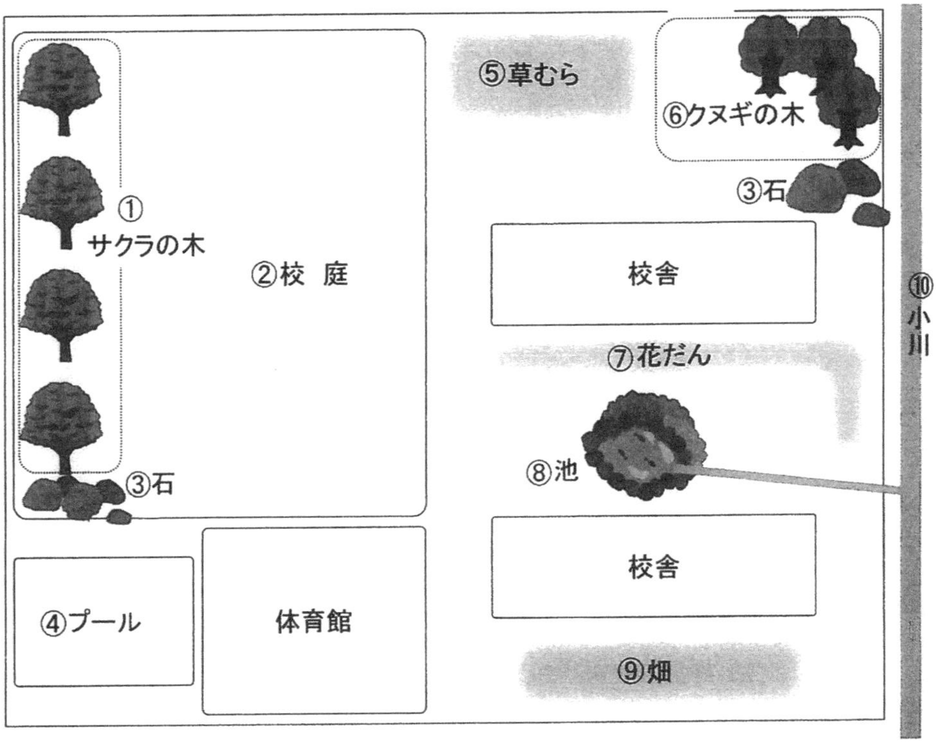

(4)　(2)の**ア～ク**の生き物は、冬はどのようにくらしていますか。**ア～ク**の中から２種類の生き物を選び、記号を書きなさい。また、その生き物はどのような場所に、どのような状態で冬ごしをしているかを説明しなさい。